Hans Buob

Die Gabe
der
Unterscheidung der Geister

3 Vorträge:

Der Heilige Geist — der unbekannte Gott
Unterscheidung der Geister
Die Eucharistiefeier

VER◆TAS

CIP-Kurztitelaufnahme der Deutschen Bibliothek
Buob, Hans:
Die Gabe der Unterscheidung der Geister:
3 Vorträge/Hans Buob. — 1. Aufl. — Linz: Veritas, 1989
Enth. u. a.: Der Heilige Geist. Unterscheidung der Geister
ISBN 3-85329-726-9

Gedruckt in Österreich; 1. Auflage/89
Gesamtherstellung: LANDESVERLAG Druck Linz

ISBN 3-85329-726-9

Inhalt

Vorwort

Dieses Buch verdankt seine Entstehung drei Vorträgen, die P. Hans Buob bei Leiterschulungen gehalten hat.

Die Offenheit für den Heiligen Geist ist eine Lebensfrage für die Kirche. Nicht nur für die Kirche als ganze, sondern auch für die einzelnen Christen. Die Kirche aller Jahrhunderte war und ist so lebendig, wie sie sich vom Geist Gottes führen ließ und läßt.

Auch heute wird immer wieder vom Heiligen Geist gesprochen und geschrieben. Dennoch hat man gelegentlich den Eindruck, daß er selbst für jene, die viel von ihm reden oder schreiben, der „unbekannte Gott" ist. Andererseits ist es ein Zeichen der Hoffnung, daß Papst Paul VI. in seinem Apostolischen Schreiben „Die Evangelisierung in der Welt von heute" feststellen kann: „Im Trost des Heiligen Geistes geschieht es, daß sich die Kirche auferbaut. Der Heilige Geist ist die Seele dieser Kirche. Er ist es, der den Gläubigen den tiefen Sinn der Lehre Jesu und seines Geheimnisses erklärt. Er ist derjenige, der heute, wie in den Anfängen der Kirche, in jedem Verkündiger handelt, der sich von ihm ergreifen und führen läßt: Er legt ihm Worte in den Mund, die er allein niemals finden könnte, und disponiert zugleich die Seele des Hörers, daß er offen sei und die Frohbotschaft und das ausgerufene Gottesreich annimmt."

Das Anliegen dieses Buches ist es, daß der Leser lernt, in der Kraft des Heiligen Geistes sein Leben zu gestalten und in der Gabe der Unterscheidung der Geister gleichsam einen Lebenskompaß zu haben.

Je mehr sich nämlich der einzelne Christ und die ganze Kirche dem Heiligen Geist öffnen und sich von ihm leiten lassen, umso mehr muß damit gerechnet werden, daß andere Kräfte „mitmischen": Kräfte aus dem eigenen sündigen Ich oder auch die Macht des Bösen. Die rechte Unterscheidung „Wie äußert sich das Wirken des Heiligen Geistes, was kommt aus mir selber, wie zeigt sich das Einwirken der Macht der Finsternis" ist nur in der Kraft des Heiligen Geistes möglich. Er gibt dazu die Gabe der Unterscheidung der Geister.

Dieser Teil des Buches behandelt die Themen: Worum geht es bei der Gabe der Unterscheidung, was sind Zeichen der Echtheit, Kriterien als Hilfe für die Ausübung dieser Gabe usw.

Das Herzstück der Eucharistiefeier, der Kanon der Heiligen Messe, macht deutlich, daß sich auch das Thema: „Die Eucharistiefeier" recht gut in dieses Buch über den Heiligen Geist und sein vielfältiges Wirken einfügt.

In jeder Heiligen Messe rufen wir ausdrücklich zweimal den Heiligen Geist herab: auf die eucharistischen Gaben von Brot und Wein und anschließend auf das versammelte Gottesvolk. Im 3. Kanon beten wir z. B.: „Heilige unsere Gaben durch deinen Geist, damit sie uns werden Leib und Blut deines Sohnes...". Und später sprechen wir die Bitte aus: „...stärke uns durch den Leib und das Blut deines Sohnes und erfülle uns mit seinem Heiligen Geist, damit wir ein Leib und ein Geist werden in Christus".

Die Bitte um den Heiligen Geist ist die entscheidendste Bitte für eine lebendige Kirche. Wir müssen wohl das biblische Modell konsequenter verwirklichen, wie es uns die Apostelgeschichte (1,13-14) zeigt: zusammen mit

Maria um den Heiligen Geist bitten, immer und immer wieder: in den Familien, in verschiedenen Gruppen der Pfarre und in anderen Gemeinschaften. Das gilt für das persönliche Gebet genauso wie für die Eucharistiefeier.

Möge jede Versammlung von Christen zu einem echten Coenaculum — Obergemach — werden, in dem wir in Einheit, mit Sehnsucht und Glauben das wahre Leben der Kirche erbitten: „Komm, Heiliger Geist!"

Linz, 15. August 1988

Für die „Gemeindeerneuerung der Diözese Linz"
Pfarrer Karl Ecker
Dipl.Ing. Horst Obereder

Der Heilige Geist —
der unbekannte Gott

Wir sprechen immer wieder vom Heiligen Geist. Trotzdem hat man manchmal den Eindruck, daß er selbst für die, die viel von ihm reden, der unbekannte Gott ist. Was würden Sie antworten, wenn Sie gefragt würden, was der Heilige Geist ist?

Lassen Sie uns jetzt bewußt Gedanken, eine Betrachtung machen über diesen Geist Gottes, über sein Wesen, seine Funktion innerhalb des dreifaltigen Gottes und in dieser Welt.

Die Apostelgeschichte kündet uns unaufhörlich von der Sendung des Geistes. Nach der Himmelfahrt schickt Jesus seine Jünger in den Abendmahlsaal und sagt zu ihnen: Bleibt, bis ihr ausgerüstet seid mit der Kraft von oben.

Und immer wieder treffen sie sich. Immer wieder kommen sie zusammen — die Urkirche trifft sich ja jeden Tag —, immer wieder ist es das Ereignis von Pfingsten, das unter ihnen geschieht: die Berührung des Himmels mit der Erde in der Kraft des Geistes.

Ich meine, heute redet man viel zu viel von ihm und ruft ihn viel zu wenig an. Und wenn man ihn anruft, dann erwartet man nichts.

Aber darum geht es: Bin ich überzeugt, daß Gottes Geist mich umwandelt?

Vielleicht überbetonen wir manchmal unser eigenes Mittun bei der Hingabe und bei der Umkehr, bei der Lebensübergabe, und beachten zu wenig die umwandelnde Kraft des Heiligen Geistes. Es gehört beides dazu!

Das Wesentliche aber ist die umwandelnde Kraft des Heiligen Geistes. Warum stagniert denn bei uns in der Kirche immer alles? Überall gibt es Ansätze, Anfänge, dann aber Ermüdungserscheinungen. Das mag eine natürliche Sache sein — aber Gottes Geist läßt sich normalerweise nicht ermüden, wenn er zugelassen wird.

Coenaculum

Wir sollten viel bewußter leben als lebendige Zellen innerhalb der Gemeinden im Sinne des *Coenaculums*. Coenaculum ist der Pfingstsaal, das Obergemach in Jerusalem, in dem Jesus mit den Jüngern Abendmahl feierte, in den sie immer wieder zurückkehrten, wo sie in Einheit zusammen mit Maria um den Geist gefleht hatten und wo die Geistsendung geschah. Sie beteten in Einheit, eines Sinnes (unanimiter orantes), um diesen Geist. Das ist Coenaculum. Coenaculum ist von Vinzenz Pallotti her der Grundbegriff unserer Gemeinschaft — und diese sollte alle Katholiken umfassen. Er strebte eine allumfassende Erneuerung der katholischen Kirche auf der ganzen Welt an — eine Erneuerung auch aller Orden... Das Grundprinzip dieser Erneuerung sollte das Coenaculum sein: sich immer wieder versammeln, um um den Geist zu bitten, der alles verwandelt!

Prüfen wir einmal: Welche Rolle spielt dieses Coenaculum in unserem Leben, in unseren christlichen Gemeinden? Auch zu unserem Gottesdienst — zu jeder Eucharistiefeier gehört eine doppelte Epiklese, eine doppelte Herabrufung des Heiligen Geistes. Ist es uns bewußt, daß Eucharistie ein Höhepunkt des Coenaculums ist, der Geistsendung, des Pfingstereignisses?

Oder wenn wir eine Andacht halten, einen Rosenkranz miteinander beten, ist es uns da bewußt, daß wir zusammenkommen, um zusammen mit Maria um den Geist zu bitten?, daß es immer um diese eigentliche Quelle der Kirche geht, aus der sie entspringt, aus der sie ernährt wird, aus der sie wächst?

Welche Rolle spielt nun tatsächlich der Heilige Geist ganz konkret in unseren Gemeinden, in unserer Familie?

Ist unser Beten wirklich ein Zusammenkommen, wo der Herr mitten unter uns ist und wo wir um diesen Heiligen Geist bitten? — Das ist das Allernotwendigste! —

Trachten Sie danach, daß alle Ihre Zusammenkünfte, wo immer sie auch stattfinden, Coenaculum werden, wo es Ihnen um das Herabrufen dieses Geistes Gottes geht, der alles verwandelt.

Der Heilige Geist tritt hinter die beiden anderen göttlichen Personen zurück

Der Heilige Geist tritt in der Theologie und auch in der Frömmigkeit, wenn wir die Gesamtfrömmigkeit der Kirche betrachten, immer etwas hinter den beiden anderen göttlichen Personen zurück. Bei Andachten und Gottesdiensten stehen normalerweise der Vater und Jesus Christus im Vordergrund. Der Heilige Geist wird oft hinten angefügt: „...durch unseren Herrn im Heiligen Geist. Amen."

Die zentralen Begegnungen in unseren Gottesdiensten sind die Begegnungen mit dem Vater und dem Sohn.

Es ist verständlich, daß manche zum Heiligen Geist weniger Zugang haben, einfach aufgrund der Tatsache, daß wir durch die Menschwerdung Jesu von Jesus eine konkrete Vorstellung haben. Jesus als Mensch — menschgewordener Gott. Daß wir auch vom Vater, vom Begriff her, eine konkrete Vorstellung haben. Vom Heiligen Geist dagegen haben wir keine konkrete Vorstellung — Zunge, Taube — das sind ja nur Symbole.

Heiliger Geist läßt sich an seinem Wirken erkennen

Den Heiligen Geist kann man sich nicht vorstellen, man erkennt ihn an seiner Wirkung. Mir kam da einmal das Beispiel vom elektrischen Strom:
Alles Irdische, die ganze Schöpfung, weist ja irgendwie auf das Unvergängliche hin. Alles Unvergängliche hat im Irdischen ein Abbild. So sehe ich im elektrischen Strom ein Bild für den Heiligen Geist: Sie können ihn nicht definieren, Sie können nur an der Wirkung feststellen, daß er da ist, und zwar an der Wirkung von Wärme, Kraft und Licht. Daran können Sie erkennen, daß Strom da ist.
So erkennen wir auch den Heiligen Geist nur an seiner Wirkung, und zwar genau auch in diesen drei Wirkungen: Licht, Wärme und Kraft.

Heiliger Geist als Licht

Wenn Sie in Ihrem Inneren Dunkelheit spüren, die Dunkelheit der Einsamkeit, des Leides, des Todes, alle möglichen Nöte und Urnöte des Menschen — und wenn Sie um diesen Heiligen Geist bitten, können Sie plötzlich mitten in diesen Dunkelheiten Licht erleben, ohne daß die Dunkelheiten gewichen sind, ohne daß die existenzielle Einsamkeit gewichen ist. Aber Sie können so inmitten einer derartigen Situation das Paradox des Christentums erleben: die Gemeinschaft mit Gott — mitten im Leid. Plötzlich ganz tiefe Gemeinschaft, ja, Freude an diesem Gott, wobei das Leid noch da ist. Aber es ist die ganz konkrete Erfahrung göttlichen Lichtes in dieser Dunkelheit.

Als 1978 mein Vater gestorben war, hatte ich mit ihm das Letzte verloren, was ich auf dieser Welt gehabt hatte. Ich habe ja keine Geschwister, und mein Vater und ich, wir haben uns blendend verstanden. Meine Mutter ist schon früher verstorben. Ich hatte Angst vor der Beerdigung, vor den ganzen Zeremonien auf dem Friedhof, vor allem aber vor dem Augenblick, in dem der Sarg hinuntergesenkt wurde. Und genau in diesem Augenblick durchdrang mich eine unsagbare Freude, daß mein Vater seinen Weg so treu gegangen ist: oft sehr einsam, jahrelang allein (er war 82 Jahre), oft vollkommen hilflos. So ist er einmal stundenlang dagelegen, nachdem er eine Treppe hinuntergestürzt war und allein nicht mehr hochkam; er hat nie geklagt oder mir Vorwürfe gemacht, daß ich nicht daheim war; er ging immer ganz treu, immer humorvoll, hatte immer etwas Frohes auf seinen Lippen, auch wenn es ihm noch so schlecht ging. Ich war mit einem Mal so froh und so glücklich, daß mein Vater diesen Weg mit Gott gegangen war und daß er jetzt bei ihm sein darf. Nach dem Totenmahl bin ich wieder auf den Friedhof gegangen und habe mich weitergefreut — und diese Freude ist geblieben.

Das einfach als Beispiel. Aber vielleicht haben Sie selbst schon Ähnliches erfahren: Heiliger Geist als Licht, wo in existenzieller Dunkelheit in mir plötzlich ein Licht aufkommt, das ich mir nicht erklären kann. Darum sagen oft erfahrene Menschen, auch Psychologen, daß die tiefste Erfahrung des Menschen die Erfahrung mit Gott ist. Diese Erfahrung mit Gott aber ist die Erfahrung mit dem Heiligen Geist.

Sie erfahren den Vater und den Sohn nur durch den Heiligen Geist. Geisterfahrung ist die Zuwendung des erhöhten Herrn zu seiner Kirche, zu mir, zu Ihnen. Es gibt keine tiefere Erfahrung als die Erfahrung mit Gott, die Erfahrung des Geistes. Sie verändert mich im innersten Kern und mit mir meine Lebensumstände. Rein menschlich läßt sich eine solch paradoxe Veränderung nicht erklären. Das ist Heiliger Geist als Licht!

Heiliger Geist als Wärme

Wie viele haben Kälte in sich, Eisesstarre, ein Symbol der Angst, die sie vielleicht als Kind erlebt haben, weil sie vielleicht schon im Mutterschoß angegriffen wurden, und aufgrund dieser Angst immer wieder Kälte in sich spüren. Deshalb heißt es in der Pfingstsequenz: „Wärme, was erkaltet ist." Und es ist wahr, daß plötzlich in diese Eiseskälte des Menschen der Geist Gottes als Wärme hineinkommt, daß es plötzlich warm wird und die Angst weicht.

Heiliger Geist als Kraft

Das erfahren wir in all unserem Tun. Aber das muß uns neu bewußt werden. Wir dürfen diese Erfahrung mit dem Heiligen Geist nicht einfach selbstverständlich hinnehmen.

Ich habe es schon öfter gesagt: Vielleicht wäre es einmal gut für uns, wenn Gott uns für ein paar Minuten alle Gnade, alles, was aus der Erlösung kommt, einfach wegnehmen würde, daß wir ganz natürliche Menschen wären — um so zu erleben, was Erlösung ist, was Wirken des Geistes ist. Denn wir nehmen alles so selbstverständlich:

unsere Lebensmöglichkeiten, daß wir Kraft haben und Licht. Trotzdem kann es manchmal bis an die Grenze gehen. Wir tun so, als ob das unsere eigene Kraft wäre, unser eigenes Können, und wundern uns, daß andere in solchen Situationen verzweifeln, die diese Kraft nicht haben, die diesen Geist nicht in sich tragen oder ihn nicht kennen.

Den Heiligen Geist erkennt man also an seiner Wirkung — Licht, Kraft, Wärme.

Heiliger Geist — jener, der in uns betet

Wir bemerkten bereits, daß vielfach der Heilige Geist weniger der direkte Adressat des Gebetes ist. Wir beten normalerweise zum Vater und zum Sohn, weniger zum Heiligen Geist. Er ist auch weniger Inhalt der Offenbarung.

In der Schrift wird das Wesen des Vaters offenbart, auch das Wesen des Sohnes — nicht so sehr das Wesen des Heiligen Geistes. Er ist also weniger Inhalt der Offenbarung und auch weniger Adressat des Gebetes, sondern er ist als Person die Voraussetzung und Ermöglichung von Gebet. Er ist als Person die Voraussetzung und die Ermöglichung von Offenbarung. Ohne Heiligen Geist können wir nicht zum Vater und nicht zum Sohn beten, und ohne ihn gibt es keine Offenbarung. Er führt uns in die volle Wahrheit ein. Das ist seine Funktion. Es ist verständlich, daß der Heilige Geist in unserem Beten und auch in der Theologie etwas zurücktritt gegenüber den anderen beiden göttlichen Personen. Denn es ist seine Funktion, in das Geheimnis von Vater und Sohn einzuführen, Offenbarung zu ermöglichen, in uns zu beten: Der Geist Gottes betet in euch, wenn ihr nicht mehr wißt, was ihr beten

sollt, in unaussprechlichen Seufzern... (vgl. Röm 8,26).
Das ist seine Funktion.

Wir spüren hier, daß in Gott eine Ordnung ist. Und jegliche Ordnung, die von Christus ist, ist Abbild der eigentlichen Ordnung, die in Gott selber besteht. Alle drei Personen sind der gleiche Gott. Wenn der Heilige Geist nicht der gleiche Gott wäre wie der Vater und der Sohn, könnte er uns den Vater und den Sohn nicht offenbaren. Er ist der gleiche Gott. Aber es gibt eine Ordnung im dreifaltigen Gott.

Jesus hat nichts von sich aus verkündet: Ich habe euch nur gesagt, was ich beim Vater gehört habe! (vgl. Joh 8,26.40)

Dann spricht er vom Heiligen Geist, den er vom Vater her senden wird: Er wird euch alles lehren und euch in alles einführen, was ich euch gesagt habe. Er wird nicht von sich aus reden. Von dem Meinigen wird er nehmen und euch verkünden (vgl. Joh 16,13f).

Die Ordnung im dreifaltigen Gott

Es besteht eine ganz klare Ordnung in Gott. Das hat nichts mit Weniger-Gott-Sein oder Mehr-Gott-Sein zu tun. Jeder ist in gleicher Weise Majestät, Gott... Dennoch gibt es im Dreifaltigen Gott bestimmte Funktionen, auch Ein- und Unterordnung. Ein- und Unterordnung hat aber nichts zu tun mit weniger oder mehr Gottheit. Auch wenn Paulus von den Eheleuten spricht, wo einer sich dem anderen unterordnen soll, je nach seiner Gabe, so hat auch das nichts mit Wertigkeit der Person zu tun.

Das gilt auch für den Leib Christi: Jeder soll sich dem anderen unterordnen, je nach seiner Gabe.

Das ist Ordnung Gottes, abgebildet in uns. So hat auch

18

der Heilige Geist eine Dienstfunktion im dreifaltigen Gott. Von daher verstehen wir, daß er etwas zurücktritt, was den direkten Adressaten im Gebet angeht oder das Wesen der Offenbarung.

Im Heiligen Geist und durch ihn erkennen wir den Sohn. Der Geist bewirkt Sohnschaft (Gal 4,6; Röm 8,16). Im Geist beten wir durch den Sohn zum Vater.

Heiliger Geist in seiner Dienstfunktion

Diese Dienstfunktion des Heiligen Geistes innerhalb des Heilsgeschehens schränkt also seine Gottheit nicht ein. Denn alles Heil geschieht durch den Heiligen Geist. Jesus ist zum Vater heimgekehrt, und alles, was in der Welt von Gott her geschieht, wird durch den Heiligen Geist gewirkt. Deshalb haben das II. Vatikanum und die Liturgiekommissionen festgesetzt, daß alle Sakramente, deren Texte vom II. Vatikanum erneuert worden sind, mit Handauflegung gespendet werden sollen. Das bedeutet immer Herabrufung des Geistes, Segnung, in Besitz nehmen — ein Ausdruck dafür, daß hier Heiliger Geist wirkt. Jesus Christus setzt sein Werk fort durch den Heiligen Geist, und der Heilige Geist vollendet alles, was Christus begonnen hat. Seine Dienstfunktion innerhalb des Heilsgeschehens schränkt also seine Gottheit nicht ein.

Das erleben Sie in jeder Eucharistie, in jedem Sakrament. In der Eucharistie wird zuerst der Heilige Geist vor der Wandlung über Brot und Wein herabgerufen, damit er Brot und Wein umwandle in Leib und Blut Christi. Heiliger Geist setzt Christus gegenwärtig. Das ist Werk des Heiligen Geistes. Nach der Wandlung wird dann wieder um den Heiligen Geist gebetet für die versammelte Gemeinde, damit wir, wenn wir in der Communio mit Christus eins geworden sind, umgewandelt werden in Christus. Es ist immer Heiliger Geist, durch den Christus sein Werk vollendet und wirkt.

Das geschieht in allen Sakramenten, in allem Heilswirken Gottes in dieser Welt, bis hinein in die Schöpfung: Der Geist Gottes brütete über dem Abgrund, und er hat das Leben hervorgebracht, und er wird es wiederherstellen, schöner, als es am Anfang war (vgl. Gen 1,2). Das ist alles Werk des Geistes — wirklicher, totaler Dienst.

Heiliger Geist als Ausdruck der göttlichen Liebe

Heiliger Geist ist ja auch Ausdruck der göttlich selbstlosen Liebe — und zwar personifiziert.

Der Heilige Geist setzt den Sohn gegenwärtig und tritt sofort hinter dem Sohn zurück: Der Sohn ist mitten unter uns, aber durch den Heiligen Geist. Der Heilige Geist setzt den Vater gegenwärtig und tritt sofort hinter ihm zurück. Der Vater wird gegenwärtig durch die Kraft des Geistes. Vater und Sohn werden gegenwärtig in uns durch den Heiligen Geist in der sog. gnadenhaften Innewohnung der Dreifaltigkeit in uns. Von dieser sagt Augustinus auf Maria hin, daß es für Maria das größere Erlebnis war, den dreifaltigen Gott in sich zu tragen, als daß Jesus in ihr Mensch werden durfte. Und das dürfen auch wir erleben. Das alles geschieht durch den Heiligen Geist.

Aber welche Rolle spielt dieser Heilige Geist bei unseren Zusammenkünften, abgesehen davon, daß man von ihm redet oder Lieder singt? Erwarten wir in dem Lied wirklich jetzt Umwandlung? Glauben wir an die umwandelnde Kraft Gottes?

Nur wenn der Heilige Geist wirklich wahrer Gott ist wie der Vater und der Sohn, kennt er das Innerste des Vaters und des Sohnes und kann es uns offenbaren.

Das ist die Grundvoraussetzung. So heißt es bei Paulus in 1 Kor 2,10: „Er ist es, der die Tiefen der Gottheit erforscht und die Tiefen des Menschenherzens."

Heiliger Geist in Theologie und Frömmigkeit

Deshalb ist auch das Fehlen des Heiligen Geistes sowohl in der Theologie wie in der Frömmigkeit sehr, sehr gefährlich. Das Fehlen des Heiligen Geistes führt notwendig zu Mißverständnissen — auch dem Handeln Gottes gegenüber — und dann zu Irrtümern.

Wie läßt sich erklären, daß fromme Leute, wenn sie in bestimmte Situationen kommen, plötzlich mit Gott hadern? Sie haben kein Verständnis mehr für das Handeln Gottes in ihrem Leben. Da fehlt Heiliger Geist, der in das Geheimnis des Handelns Gottes einführt! Aber wie oft kommt so etwas vor? — Gerade bei Menschen, die vielleicht schon Jahrzehnte fromm leben. Wenn einer in Randsituationen kommt, die auch zum Leben gehören (z. B. der Tod eines Ehepartners im hohen Alter...), dann ist auf einmal kein Verständnis mehr da gegenüber dem Handeln Gottes. Da fehlt Heiliger Geist, der in dieses Handeln Gottes einführt! Dieses Fehlen führt auch zu innerem Fehlverhalten Gott gegenüber. Wir schreiben Gott vor, was er alles nach unserem Willen zu tun hat...

Heiliger Geist als erste Gabe des Vaters

Wer die verlebendigende Wirkung des Geistes bedenkt, der wird verstehen, daß gerade in der glaubensmüden Zeit von heute das Gebet um „die erste Gabe des Vaters für alle, die glauben" von größter Wichtigkeit ist, das Gebet um den Heiligen Geist, „der das Werk des Sohnes auf Erden weiterführt und alle Heiligung vollendet", wie wir im vierten Hochgebet beten.

Deshalb ist es wichtig, daß wir dieses Grundprinzip des Coenaculums wirklich in alle unsere Begegnungen hineinnehmen. Also immer zuerst den Vater auf die Verheißung Jesu hin bitten um den Heiligen Geist, daß er jetzt in uns betet — damit wir überhaupt richtig beten können — daß er uns ausrüstet, daß er uns entsprechend wieder zurüstet für das, was nachher kommt!

Der Heilige Geist führt das Werk des Sohnes weiter

So wirkt der Heilige Geist in allen Sakramenten. Er führt das Werk des Sohnes weiter und vollendet alle Heiligung. Er wirkt im Wort Gottes. Jesus sagt ja: Mein Wort *ist* Geist und Leben. — „IST" — Er verwendet das gleiche Wort wie in der Eucharistie: Das *ist* mein Leib, das *ist* mein Blut. Hieraus fließt unwahrscheinliche Kraft!

Weiters wirkt dieser Geist Gottes im *Amt* und in den *Charismen,* die er jedem Glaubenden gibt nach freier Wahl. Das alles sind Wirkweisen, Wirkmöglichkeiten, Wirkformen des Geistes.

Heiliger Geist — biblisch: Ruach (hebr.), Pneuma (griech.)

Man erkennt den Heiligen Geist also vor allem an seiner Wirkung. Daher spricht auch das Neue Testament weniger von dem, was Heiliger Geist ist. Sondern es spricht vielmehr von dem, was der Heilige Geist in unserem Leben bewirkt.

Das können Sie in der Apostelgeschichte nachlesen. Die hebräische Bezeichnung für Heiligen Geist ist das Wort „Ruach", die griechische „Pneuma", und sie bedeuten „Hauch, Odem, Wind". Manchmal wird er auch „Feuer" genannt (Feuersturm zu Pfingsten...).

Diese Bezeichnungen sind Symbole, deren Inhalt Elemente sind, die nichts so zurücklassen, wie sie es angetroffen haben. Feuer und Sturm lassen nichts zurück, wie es war, sondern verändern alles.

Wo Gottes Geist weht, da geschieht Veränderung. Dieses Bild von Hauch, Odem oder Wind nimmt Jesus wieder auf, wenn er die Jünger am Osterabend anhaucht mit den Worten: „Empfanget den Heiligen Geist" (Joh 20,22).

Bei Joh 3,8 sagt Jesus zu Nikodemus in jener Nacht: Der Wind bläst, wo er will — d. h.: Der Geist weht, wo er will. Schon in Gen 1,2 heißt es: Der Geist Gottes schwebt über den Wassern. — Alles, was lebt, verdankt also sein Dasein diesem Geist Gottes. Aber er weht, wo er will. Wir können ihn nicht bestimmen.

Heiliger Geist als Lebensverbindung mit Gott

So ist der Heilige Geist die Lebensverbindung mit Gott. Er verbindet den Menschen mit seinem Schöpfer. Der Heilige Geist ist das Hereinragen der „oberen" Welt in die „untere" — in die unsrige Welt. Ohne den Heiligen Geist gibt es kein volles Christsein.

Deshalb vergleicht Jesus bei Lk 11,5-8 diese Bitte um den Heiligen Geist mit der Bitte um das Brot: „Wenn ihr, die ihr böse seid, euren Kindern Brot gebt statt Steinen, um wieviel mehr wird dann euer Vater im Himmel den Heiligen Geist denen geben, die ihn darum bitten!"

Im anschließenden Gleichnis bittet einer um den Heiligen Geist in einer sehr stürmischen Dringlichkeit, weil es eben um das Allernotwendigste geht. „Brot" ist ja im biblischen Sinne immer das Notwendigste des Lebens. Wein dagegen ist Symbol des Überflusses (— das Göttliche ist immer auch Überfluß!).

Heiliger Geist bewirkt Neuschöpfung

Das Anhauchen der Jünger durch Jesus weist auf diese bevorstehende Neuschöpfung hin, die durch das Kommen des Geistes an den Jüngern geschehen wird. Der Geist soll ihnen so unmittelbar Anschluß an die Welt Gottes geben, daß sie Anteil haben an der Vollmacht Jesu, Sünden zu vergeben.

In den Abschiedsreden sagt Jesus, daß der Heilige Geist auch das persönliche Einwohnen des Vaters und des Sohnes bringen wird (Joh 14,23).

Der Heilige Geist kann sich uns nicht aufzwingen — Er will erbeten sein

Der himmlische Vater verweigert keinem den Heiligen Geist, der aufrichtig nach ihm verlangt. Und da stellt sich eine Frage für jeden von uns: Verlange ich aufrichtig nach dem Heiligen Geist? Nach dem, der alles verändern kann? Bitte ich wirklich in schwierigen, aussichtslosen Situationen den Vater ganz konkret um den Heiligen Geist, um die Gabe, die alles verändert? Bitte ich um ihn, wenn ich in irgendeiner Versuchung bin oder sonst etwas an mich herankommt? Um ihn, der das Paradox des Christentums jetzt, in eben diesem Moment, hervorbringen kann? Und wenn ich um diesen Geist bitte, ist da wirklich ein Verlangen nach ihm in mir, ein Wissen, daß der Vater ihn jetzt geben wird, ihn, der die Welt verändert, der Jesus von den Toten zum Leben erweckt hat?

Wir müssen uns diese Wirklichkeit, diese Wahrheit ganz tief zu eigen machen, damit die Sehnsucht von Johannes XXIII. in Erfüllung gehen kann und es endlich einmal Pfingsten wird!

Wenn es in der Pfarrei eine kleine Gruppe gibt und diese ganz bewußt miteinander in Einheit lebt und wenn diese Christen bei jedem Sonntagsgottesdienst ganz bewußt auch eins sind mit den anderen, ganz bewußt mit dem Priester zusammen in der Eucharistiefeier um den Geist Gottes bitten, damit da etwas geschehen kann, so daß die anderen das Wort Gottes erfahren, daß die Lieder und Texte die Herzen tief berühren und ansprechen, dann ist das alles Wirken des Heiligen Geistes. Aber wir müssen ihn anrufen, denn von selbst geschieht nichts!

Bewahren Sie das ganz tief in ihrem Herzen: Gott zwingt

sich niemals auf! Sein Geist, seine göttlichen Mächte wollen angerufen sein!

Voraussetzung: Gebet in Einheit

Und wenn das in jeder Gemeinde nur eine Handvoll Leute sind, die mit dem Priester zusammen ganz bewußt in den Sonntagsgottesdienst gehen, um mit den anderen in Einheit zu leben, keinen abzulehnen (das ist eine ganz wichtige Voraussetzung!), dann wird Gottes Geist Freiraum haben für sein Wirken, wenn er angerufen wird. Grundvoraussetzung dafür ist aber, daß alle in Einheit sind, d. h.: über niemanden schlecht denken, schlecht reden! Über niemanden mehr schlechte Gedanken aufkommen lassen! Wenn sie kommen, dann beten Sie: „Herr, segne N. N. mehr als mich." Andernfalls ist hier nichts als ein Knochenhaufen (vgl. Ez 37). Wir können einen Leib nicht lebendig machen, wenn nur Knochen einzeln herumliegen und keiner etwas mit dem andern zu tun hat oder haben will. Sie müssen zuerst zusammenrücken, sagt der Herr zum Propheten, und darauf rücken sie zusammen, und es wachsen Sehnen. Und dies geschieht, wenn ich sage: Ich will jetzt jeden in der Pfarrei wichtiger nehmen als mich selbst, ich will, daß alle das Heil finden! Und wenn mir am Sonntag im Gottesdienst einzelne auf die Nerven gehen, dann möchte ich für sie beten, daß der Herr sie mehr segnen möge als mich und daß jetzt sein Heiliger Geist herabkomme!
Und diese kleine Gruppe von Menschen, die so zu leben entschlossen ist, soll während des Gottesdienstes immer wieder so beten, damit der Geist Gottes kommen kann, um die Menschen zu überführen durch die Worte, die

gepredigt, gebetet und gesungen werden. So kann und wird etwas geschehen!

Aber noch einmal: Er will angerufen sein, weil er sich nicht aufzwingt. Deshalb muß da eine Gruppe sein, die ihn anruft, und zwar nicht auf verstreut liegende Knochen hin, sondern eine Gruppe die zuvor die Knochen zusammenrückt! — und das geschieht, wenn ich alle anderen annehme. Dann kann der Geist herabgerufen werden auf diesen Leib mit Sehnen! Dann kann dieser Leib auch auferstehen!

Aber wie oft sind wir im Gottesdienst nur Knochenfeld, wo wir nichts miteinander zu tun haben...

Das Hoheitsrecht des Vaters

Es bleibt unantastbares Hoheitsrecht des Vaters, Menschen in seine Nähe zu ziehen: Nur der kommt zu mir, den der Vater zieht (vgl. Joh 6,44.65). Und der Vater zieht durch seinen Geist.

Wir können also diesen Geist nicht einfach so an uns nehmen, man hat ihn auch nicht einfach — wie wir Katholiken manchmal denken. Es gibt keine Methode, nach der man an ihn herankommen könnte, auch keine Pastoralmethode, so sehr wir das auch wünschten. Denn der Geist weht, wo er will. Wo er will — nicht, wo wir wollen! Es bedarf eines dauernden Ausgeliefertseins, um ihn wahrzunehmen.

Der Geist weht, wo er will

Das Wirken des Heiligen Geistes ist deutlich merkbar. Jesus sagt: „Du hörst sein Brausen wohl (das ist ein Wahrnehmen!), aber du weißt nicht, woher er kommt, und du weißt nicht, wohin er fährt." (Joh 3,8) Gottes Geist ist also wahrnehmbar. Man kann also den Wind spüren, genau so aber erkennt man auch das Fehlen des Windes: an den schlaffen Segeln und wenn ein Boot nicht mehr vorankommt.

So können Sie sich auch umsehen in Ihrer Pfarrei oder in Ihrer Gebetsgruppe oder in unserer ganzen Kirche: Kommt dieses Boot voran? Hat es wirklich aufgeblasene Segel? Oder bleibt es stehen, schon jahrelang, nimmt sogar ab? Man erkennt sehr wohl den Heiligen Geist und erkennt, ob ein Wind bläst oder nicht. Man kann also auch spüren, ob es im Leben eines Menschen göttlich vorwärts geht oder ob trotz allen Eifers und Hastens Stillstand besteht. Das kann man sehr wohl feststellen.

Das Wirken des Heiligen Geistes ist nicht zu berechnen, und niemand kann über dieses Wirken des Geistes verfügen. Bei all unseren pastoralen Methoden, Schulungswochen, Konferenzen, Reden, Seminaren haben wir keine Garantie, daß davon göttliche Wirkung ausgeht. Man kann Gott nicht in derartige Unternehmungen einfangen, man kann nicht über ihn verfügen.

In unseren deutschsprachigen Kirchen haben wir ja das Geld dazu, daß wir uns eine großartig organisierte Kirche leisten können. Man sagt, daß es die bestorganisierte Kirche der Welt ist. Darum merken wir vielleicht nicht, daß das Boot stehenbleibt, weil eben alles so gut organisiert ist: Es gibt etwas zu essen auf dem Boot, es ist alles da, man kann noch leben auf dem Boot — auch wenn es stehenbleibt... Man merkt gar nicht, daß irgendwo etwas nicht mehr läuft. Das müssen wir auch einmal ganz klar sehen! Wir sind nie sicher, daß Gottes Winde, wenn sie einmal wehen, vielleicht von ganz woanders herkommen, als

wir es erwarten — und nicht aus unseren eigenen
Anstrengungen.

Und jeder weiß, wie sehr wir uns schon angestrengt
haben auf den verschiedensten Ebenen. Und auf einmal
merkt man, daß Gottes Geist von einer anderen Seite her-
kommt, von wo man es nicht gedacht hätte — vielleicht
von einem Menschen, mit dem wir überhaupt nicht
gerechnet hatten.

Oder denken wir einmal an den Aufbruch der Erneuerung, die ja nun wirklich viele Christen erfaßt hat — leider aber in vielfacher Weise aufgrund fehlender Tradition
in verschiedene Richtungen geht. Aber warum ist sie
nicht in unserer Kirche aufgebrochen? Warum ist sie
nicht aus unseren Methoden hervorgegangen?

Vinzenz Pallotti — sein Charisma

Ich bin überzeugt, daß das gleiche Charisma unserer Kirche gegeben ist. Vor einiger Zeit ist mir aufgegangen, daß
das genau das Charisma Vinzenz Pallottis war. Wenn wir
Pallottiner die Wirklichkeit des Coenaculums mehr
gelebt hätten, dann hätte die charismatische Erneuerung
bei uns begonnen.

Sein Ziel war es, die ganze katholische Kirche zu erneuern
aus dem Coenaculum heraus.

Der Aufbruch der Erneuerung und unsere Kirche

Der Aufbruch der Erneuerung begann, indem sich am Anfang unseres Jahrhunderts eine Gruppe von Menschen gefunden hatte, um immer wieder um den Heiligen Geist zu beten, wie es in der Apostelgeschichte steht. Und sie erlebten plötzlich wirklich eine Verwandlung, eine Umwandlung. Sie wußten nicht, was das war, lasen in der Schrift nach — und von daher kommt auch das Wort „Geisttaufe" — da sie dachten, daß das jetzt geschehen war. Daher kommen ja diese Begriffe alle. Sie haben plötzlich Dinge erfahren, die sie nicht einordnen konnten — sie hatten ja keine Tradition.

Aber wir sehen hier, daß Dinge, die von außerhalb kommen, auch uns angeboten waren. Nur wir haben nicht gehört, woher der Wind kam, wir haben theoretisiert, aber nichts vollzogen. Theoretisch war alles klar, aber es wurde nicht getan. Und damit konnte nichts aufbrechen. Und da kommen dann ein paar Leute, irgendwo vom Rand der Welt, tun es einfach — und dann muß eben Gott diese in Anspruch nehmen, um uns auch irgendwann einmal zu erreichen.

Merken Sie: Der Wind weht, wo er will!

Wir müssen auch in unserer Kirche *hören*.

Und alle Ordensgründungen sind Windstöße Gottes, die wir manchmal zu schnell in Formen gepreßt, totgeschlagen haben — und damit war es aus.

Wir müssen da wieder viel lebendiger werden, hörend — und die Gefahr besteht immer, daß wir alles sofort wieder festlegen wollen. Natürlich ist das sicherer, weil man dann weiß, wo man dran ist.

Hören bedeutet ausgeliefert sein, das ist Leben im Wagnis, wie es Roger Schutz einmal nennt, Leben in der Hingabe, in dem, was wir Umkehr nennen. Wenn wir in dieser Auslieferung leben, können auch die Gaben des Geistes wirksam werden. Man braucht auch immer wieder Menschen, die einem helfen auf diesem Weg, daß man miteinander versucht, sich auszuliefern und sich nicht irgendwo wieder festzusetzen. Wir müssen wirklich in Zelten bleiben und dürfen nicht immer Häuser bauen!

Vielleicht weht der Geist Gottes sogar an unseren eigenen Anstrengungen vorbei, weil sie zu sehr Menschenwerk sind, Verfügen-Wollen über Gott.

Ist unsere Kirche offen genug für das Wirken des Heiligen Geistes?

Prof. Schnackenburg schreibt einmal: „Die heutige Kirche dürfte trotz hoffnungsvoller Ansätze immer noch ein erhebliches Defizit an Öffnung für den Geist und Zutrauen zu seinem Wirken aufweisen. Wer vermag Zaghaftigkeit und Resignation zu überwinden, wenn nicht der Geist, in dem wir vertrauensvoll zum Vater rufen? Wer vermag Enge und Unduldsamkeit zu bannen, wenn nicht der Geist der Liebe, der in unsere Herzen ausgegossen ist? Wer vermag die Kirche zu erneuern, wenn nicht der Geist, der uns an alles erinnert, was Jesus gesagt hat? Aber dazu müssen wir den Geist wieder unmittelbar erfahren und uns seiner Führung anvertrauen. Wo der Geist des Herrn ist, da ist Freiheit!"

Es wäre auch so wichtig für unser Beten für Menschen, die Verantwortung tragen für die Welt, für die eigenen

Angehörigen, daß wir Gott nicht nur bitten: „Hilf ihnen!", sondern daß wir den Vater auf die Verheißung Jesu hin bitten um den Heiligen Geist für den oder den, der nicht mehr glauben kann, daß er ihn wieder einführt in die volle Wahrheit, daß er aufdeckt, was Sünde, Gerechtigkeit und Gericht ist (vgl. Joh 16,8). Das ist Sache des Heiligen Geistes. Bitten wir doch den Vater auf die Verheißung Jesu hin um diesen Heiligen Geist! Das ist das intensivste Gebet, das es gibt. Denn dieser Geist verwandelt die Herzen, er führt in die Wahrheit ein. Arbeiten wir doch mit diesem Geist Gottes! Bitten wir den Vater, daß er ihn den einzelnen sendet und das bewirkt, was jetzt wichtig und notwendig ist.

Stehen unsere Prediger unter der Leitung des Heiligen Geistes?

Das Wirken des Heiligen Geistes ist nicht zu berechnen. Genausowenig sind die Richtungen berechenbar, in welche das Wirken des Heiligen Geistes geht. Der Mensch, der unter der Leitung des göttlichen Geistes handelt, weiß nicht um die Reichweite seiner Wirkung. Petrus erlebt bei seiner ersten Predigt die Wahrheit des Wortes Jesu: „Ihr werdet Größeres tun, als ich selbst getan habe" (vgl. Joh 14,12).

Aber das wußte er nicht, als er unvorbereitet vor dieser Menschenmenge stand und zu predigen begann — von der ausgehend sich dann 3000 Menschen bekehrten. (Und wieviele Menschen bekehren sich auf unsere vorbereiteten Predigten hin?)

Irgendetwas stimmt an der Verkündigung nicht mehr, wenn eine so große Zahl von Menschen in den Atheismus zurückfällt. Wir müssen uns überlegen, was da nicht stimmt. Vielleicht machen wir zu viel selber? Vielleicht lassen wir uns zu wenig vom Geist Gottes Worte schenken? Vielleicht sollten wir in unseren Vorbereitungen mehr Lücken lassen, daß der Geist Gottes durch sie hereinkommen kann? Wie oft geschieht es, daß schöne Redewendungen, die man auf's Papier gebracht hatte, einfach verklingen und sog. „Lückenbüßer", die ‚man vielleicht einmal anbringt, wenn man in der Predigt steckenbleibt, wirklich die Herzen einzelner treffen und berühren. Gerade durch solche zufälligen Dinge werden oft die größten Wirkungen hervorgebracht. Haben wir den Mut, mehr solche zufälligen Dinge kommen zu lassen! Keiner weiß um die Reichweite der Wirkung des Geistes. Und Sie werden oft erleben, daß gerade dort, wo Sie meinen: „Das war bestimmt nichts!", etwas geschehen ist. Die Hingabe in der Blamage ist wichtiger für die Wirksamkeit des Wortes als schöne Worte. Ein einfacher Mensch, der ganz im Gehorsam dem Heiligen Geist gegenüber handelt, kann größere Wirkungen hervorbringen als die glänzendste Synode.

Zur Verdeutlichung einige Beispiele:

Vinzenz Pallotti

Pallotti wurde vom Papst neben vielen anderen Aufgaben zum vierten Seelsorger des Spitals Santo Spirito ernannt. Es war ein Soldatenspital mit 600 Soldaten. Man muß wissen, daß das das unmoralischste Loch von ganz Rom war. Denn zu den Soldaten kamen unter anderen auch diejenigen, die die Wahl hatten, ins Gefängnis zu gehen oder zum Militär. Die anderen Seelsorger gaben Pallotti immer, wenn er kam, eine ganze Liste von Soldaten, die nicht beichten wollten, die die anderen Priester geschlagen, verflucht und fortgeschickt hatten — bei denen es aussichtslos aussah hinsichtlich ihrer Bekehrung. Es wird berichtet, daß er an keinem Tag das Haus verließ, ohne daß alle angekreuzt waren auf der Liste: Alle hatten sich bekehrt. Und in relativ kurzer Zeit war das ein geistliches Haus!

Aber hier spürt man ganz deutlich: Das kann nicht ein Mensch machen, das hat mit dem Geist Gottes zu tun! Das hat auch nicht einfach mit meiner Heiligkeit zu tun, sondern damit, wie sehr ich Gottes Geist wirken lasse. Das hat etwas mit dieser Wirklichkeit zu tun.

Wir müssen Gottes Geist wieder etwas zutrauen!

Pfarrer von Ars

Oder auch der Pfarrer von Ars! Damals gab es ja noch keine Lautsprecher. Und bei den vielen, die kamen, um ihn zu hören... Da genügte es oft, daß sie ihn nur gesehen hatten von weitem, und nur das Dasein und die Wirksamkeit des Geistes, obwohl sie nichts mehr verstanden hatten, waren Grundlage genug für ihre Bekehrung.

Das sind Wirklichkeiten!

Geschehen in Rußland

Oder wovon Tatjana Goritschewa erzählt: Atheisten von Jugend auf, die selber den Atheismus gepredigt hatten auf den Lehrstühlen, besuchten orthodoxe Gottesdienste, die ja sehr lange dauern, wo sich der Priester meistens hinter der Ikonostase (Bilderwand) aufhält, wo man also nichts sehen kann. Und da geschieht es, daß sie in dieser

Atmosphäre plötzlich spüren: „Das ist es!" — und Christen werden.

Auch das sind Beispiele für die Wirksamkeit des Geistes, die dort spürbar wird, wo Menschen im Glauben zusammen sind und wirklich um diesen Geist bitten. Das sagt auch Paulus: Und wenn ein Ungläubiger unter euch ist und ihr prophetisch redet, also Worte von Gott her sprecht, dann wird er in die Knie gehen und sagen: Gott ist mitten unter euch! (vgl. 1 Kor 14,24f)

Wir müssen dieser Wirklichkeit wieder viel mehr Raum geben! Der Mensch, der sich vom Geiste Gottes leiten läßt, berechnet nicht und fragt auch nicht, wohin sein Tun führt. Er überläßt alles dem, der ihm dieses Tun auch zumutet — und das ist Gott selbst.

Alle Vorausberechnungen in der Seelsorge, alles Planen ist noch nicht vom Heiligen Geist. Und wie weit Gottes Geist all das benützt, das wissen wir am Anfang nicht. Wir können nur darum bitten. Das muß uns klar sein! Wie oft sind wir enttäuscht, weil unsere Planungen nichts eingebracht haben.

Ein Münchner Großstadtpfarrer sagte mir einmal: Mein Optimismus besteht darin, daß durch den totalen Einsatz meiner Kräfte meine Pfarrei etwas langsamer stirbt, als sie sonst sterben würde.

Wir müssen uns wirklich wieder auf die Substanz des Christentums besinnen, die Apostelgeschichte wieder lesen und dann auch danach handeln! Das Sich-vom-Heiligen-Geist-entflammen-Lassen geschieht nach der Aussage des Neuen Testamentes durch Einzelwirkungen und in Generalwirkungen, die den Menschen um- und neuschaffen.

Einzelwirkungen und General-
wirkungen des Heiligen Geistes

Unter Einzelwirkungen ist gemeint, daß der Geist Menschen besondere Gaben gibt (Charismen), besondere Erleuchtungen (Berührtwerden vom Geist in der Einsamkeit als Licht...). So erhielt auch Petrus plötzlich die Erkenntnis: Jesus ist der Sohn Gottes; oder Simeon erhielt die Gewißheit, als Josef und Maria mit dem Kind kommen: Das ist der Messias! (vgl. Lk 2,28ff)
Das sind Einzelwirkungen des Geistes.
Die Generalwirkung des Geistes in unserem Leben besteht in der Neugeburt der Person (vgl. Joh 3,3): Der Mensch wird wiedergeboren aus Wasser und Geist.Der Mensch erhält im Kern seines Wesens einen mächtigen Zustrom göttlichen Lebens in der Taufe. Dieser Zustrom ist ein fortwährender. Darum bedarf es auch immer wieder der Erneuerung dieser Taufgnade, einer neuen Zustimmung zu diesem göttlichen Leben in mir. „Fortwährend" will sagen, daß der Mensch jetzt nicht perfekt ist, sondern daß es um Wachstum geht. Das Wirken der schöpferischen Kräfte des Heiligen Geistes geschieht in Zeiträumen. Deshalb mahnt ja Paulus an verschiedene Stellen: „Wandelt im Geiste!"

Gottes Geist braucht unsere Bereitschaft

Bereiten wir uns auch ganz persönlich, wenn wir um diesen Geist bitten. Erwarten wir, daß er in uns Veränderung schafft — auch wenn ich dabei nichts fühle. Das Gefühl hat keine Bedeutung. Aber ich weiß, daß er Veränderung schafft und mich erfüllt. Oft wird man im Inneren alles wie Stille erleben, wird aber dann in Einzelerlebnissen des Alltags merken, daß eine Kraft da ist, über die ich nur staunen kann, daß ich mit dieser Kraft Situationen, Erlebnisse und Ereignisse durchstehen kann, die ich mit meiner natürlichen Kraft nicht durchstehen könnte. Da merke ich, daß etwas geschehen ist, und zwar etwas ganz Wesenhaftes.

Gewöhnen wir uns auch an, daß wir bei allen Zusammenkünften, auch wenn wir ins persönliche Gebet gehen, zuerst den Geist Gottes anrufen: „Heiliger Geist, bete Du jetzt in mir. — Benutze jetzt in diesem Gottesdienst alle Worte, alle Lieder, alles, um die Anwesenden ins Herz zu treffen."

Bitten wir, bevor wir beten oder singen: „Herr, sprich Du jetzt durch mich. Geist Gottes, erfülle Du jetzt diese Worte, die ich laut vortrage, sprich Du jetzt, sei Du jetzt anwesend in diesen Worten."

Es geht auch hier wieder um die Freiheit. Aber bitten wir ihn, daß er alles benutzt! Und er wird es tun! Auch, wenn wir manchmal sagen: „Der Herr weiß doch, was wir brauchen! — Ja, er weiß es. Aber trotzdem zwingt er sich uns nicht auf!

Manchmal hält uns wohl auch die Bequemlichkeit davon ab, ihn immer wieder anzurufen.

Das hat also mit meiner ganz persönlichen Freiheit zu tun, ob ich Gott erlaube, jetzt so zu handeln.

Das ist keine erniedrigende Bettelei!

„Vater, so bitten wir Dich jetzt, auf die Verheißung Jesu hin um Deinen Heiligen Geist für jeden einzelnen von uns. Gieße Ihn aus über unser ganzes Sein damit Er aufdecken kann, was Sünde ist, Gerechtigkeit und Gericht, damit Er jeden von uns immer tiefer hineinführt in die volle Wahrheit, so daß wir Zeugen sein können von einem Gott, den wir kennen, dem wir begegnet sind und von Seinem Geist, der uns unmittelbar berührt hat.

Darum bitten wir Dich durch Christus, unseren Herrn. Amen."

Unterscheidung der Geister

Die Gabe der Unterscheidung?

Man kann die Charismen sicher verschieden einteilen. Eine Einteilung ist die in Charismen des Wortes — solche, die durch das Wort ausgedrückt werden —, in Charismen des Dienstes und in das Charisma der Unterscheidung. Dieses Charisma wird eigens genannt, weil es für alle anderen Charismen wichtig und eigentlich Voraussetzung ist. Mit seiner Hilfe kann man nämlich unterscheiden, ob ein Charisma überhaupt echt ist oder nicht. Deshalb ist dieses Charisma eigenständig neben den Charismen des Wortes und des Dienstes. Es ist ja immer wieder unser Problem, zu erkennen, ob das, was da kommt, vom Geist Gottes ist oder nicht.
Was ist nun die Gabe der Unterscheidung der Geister?

Ein Charisma baut auf einer natürlichen Fähigkeit auf. Die natürliche Fähigkeit und Voraussetzung für die Gabe der Unterscheidung ist eine natürliche Urteilskraft — ein gesunder Hausverstand. Deshalb wird diese Gabe oft schlichten, einfachen Menschen geschenkt, die eine natürliche, unverdorbene Urteilskraft haben.
Es geht hier nicht einfach darum, einen scharfen Verstand zu haben und von Natur aus unterscheiden zu können: das ist gut, das ist schlecht, sondern es geht hier um eine Unterscheidung, die nicht mehr mit dem natürlichen Verstand möglich ist. Es gibt ja auch in der natürlichen Unterscheidungsfähigkeit verschiedene Abstufungen: Mancher hat überhaupt keine Urteilskraft, ein anderer hat eine sehr feine und kann noch sehr diffizile Dinge

unterscheiden, die der andere schon nicht mehr sieht. Aber darum geht es immer noch nicht bei der Gabe der Unterscheidung.

Es geht um eine Unterscheidung auf einem Gebiet, wo man mit der natürlichen Unterscheidungsfähigkeit nicht mehr unterscheiden kann. Es geht also nicht darum, zu unterscheiden, ob z. B. etwas Sünde ist oder Tugend. Dazu brauche ich nicht die Gabe der Unterscheidung, das sieht jeder mit dem bloßen Auge! Bei der Gabe der Unterscheidung geht es darum, das scheinbar Bessere zu erkennen, das das Gute, nämlich das wirklich Gute, untergraben will. Es geht also um etwas Gutes. Es geht darum, bei zwei guten Dingen zu unterscheiden, welches das wirklich Gute ist und welches eigentlich nicht vom Guten ist. Es geht darum, das Gute vom besser Scheinenden zu unterscheiden.

Hintergrund dafür ist die Tatsache, daß der Böse, wenn er einen Heiligen angeln will, keinen Teufel, sondern einen Heiligen an die Angel hängt. Denn einer, der wirklich Gott liebt und mit Gott leben will, ist nur noch mit etwas Gutem zu angeln. Mit einer Sünde können Sie vermutlich nicht mehr geangelt werden, denn da wissen Sie ganz genau, daß das Sünde ist. Dazu braucht man keine Unterscheidung der Geister.

Aber mit etwas Besserem können Sie schon eher geangelt werden. Nehmen wir das Beispiel der Ordensberufung: Da kann es sein, daß Sie als Vizentinerin plötzlich die Berufung haben: Ich gehe jetzt in einen geschlossenen Orden, meinetwegen zu den Trappistinnen oder zu den Kartäuserinnen oder sonst wohin. Das heißt eigentlich: Ich habe jetzt eine bessere Berufung, als nur Vinzentinerin zu sein.

Und genau ein solcher Impuls kann vom Bösen sein.

Normalerweise wird man sagen: Das ist doch viel besser, also muß es von Gott sein! Eine höhere Berufung kann doch nur von Gott kommen. Der Teufel kann doch nicht wollen, daß ich zu den Trappistinnen gehe, die noch strenger leben, als ich es jetzt schon tue.

Und doch will er genau das. Er will, daß Sie etwas tun, was Sie nicht können und wozu Sie keine Berufung haben. So wird möglicherweise Ihre Berufung verloren gehen, Sie werden austreten, und alles ist dann noch schlechter als am Anfang.

Und das ist genau das, was er will: Sie durch etwas scheinbar Besseres vom Guten, das Gott von Ihnen will, abzubringen.

Um das zu erkennen, braucht es die Gabe der Unterscheidung, wo man erspüren kann: Ist so etwas von Gott oder nicht?

Ich möchte Ihnen noch einen Vergleich mit einem mathematischen Beispiel bringen, der für die Unterscheidung der Geister aufschlußreich sein kann. Es gibt in der Mathematik die Grundregel:

Plus mal plus gibt plus.

Minus mal minus gibt auch plus.

Plus mal minus bzw. minus mal plus gibt minus.

Dasselbe Grundgesetz finden wir auch bei geistlichen Vorgängen:

Wenn sich ein Mensch auf irgendetwas eingelassen hat, was nicht vom Heiligen Geist ist, und wenn nun solche Dinge, solche Kräfte in ihm wirksam sind, dann wird er, wenn er noch einmal so etwas erlebt, dabei kein ungutes Empfinden haben — hier fällt dann minus auf minus — und das gibt plus, d. h., es gibt ein Wohlgefühl. Es gibt z. B. Menschen, die zu einem gehen und sagen: Das hat mir gefallen. Ich habe da nichts gemerkt. Ich habe das gut gefunden. Hier muß man fragen: Was ist in dir? Hast du dich vielleicht auf diese Dinge schon so eingelassen, daß du eben schon minus in dir hast. Und wenn du nun wieder minus begegnest, dann hast du deshalb ein wohliges Gefühl?

Wenn minus auf minus fällt, ergibt das ein „plus-Gefühl". Man müßte dann mit dem betreffenden Menschen sprechen und beten, ob da nicht stärkere Einflüsse der Mächte der Finsternis sind, die solche Gefühle dann hervorbringen. Es ist nicht unbedingt immer so, daß mein „wohliges" Gefühl Zeichen dafür ist, daß etwas vom Heiligen Geist ist. Ich muß da zuerst wirklich mich selber geprüft haben, ob ich wirklich ganz in der Kraft des Heiligen Geistes stehe — oder ob in mir noch Dinge sind, die ich weder gebeichtet noch bekannt habe, oder auch Dinge, auf die ich mich eingelassen habe, die ich aber nie habe lösen lassen. Das ist wirklich ernsthaft zu prüfen und zu überlegen.

Wenn Sie nun wirklich ein vom Heiligen Geist angesprochener Mensch sind und ganz im Willen Gottes leben wollen, und wenn Sie Positives erleben, dann entwickelt das in ihnen ein gewisses Gefühl von "Zufrieden-Sein".

Denken wir einmal an ältere Katholiken, die in einer Tradition, in einem bestimmten Rahmen aufgewachsen sind und im Glauben gereift sind. Es gibt da nun solche, die große innere Widerstände bekommen, wenn sie z. B. eine charismatische Versammlung miterleben: „Da stimmt doch etwas nicht! Das ist doch verrückt!" Dagegen gibt es andere, die so etwas auch noch nie erlebt haben, innerlich aber ganz offen sind und dazu sagen: „Ich kann das zwar nicht so. Aber das ist gut. Das hat mir gefallen."

Beides können wir erleben. Hier gilt es zu unterscheiden.

Vielleicht sind die einen eng und etwas stur geworden auf ihrem Weg, mit Egoismus und Selbstsicherheit. Und vielleicht sind die anderen mehr in die wahre Offenheit und Freiheit des Geistes gekommen.

Was vom Geist Gottes kommt, wird bei dem, der vom und im Geist Gottes lebt, auf Positives stoßen.

Was vom Geist Gottes kommt, wird aber bei dem, der zwar meint, im Geist Gottes zu leben, aber vielleicht durch egoistisches, stures und enges Denken sich dem Wirken des Geistes nicht bis in die letzte Tiefe hinein ausgesetzt hat, auf Widerstand stoßen. Aber da ist etwas nicht vom Heiligen Geist. Da ist selbst mitten in der Frömmigkeit eine starke Beeinträchtigung durch das „Fleisch". Wenn jemand sich auf irgendeine Weise auf die andere Seite eingelassen hat — bewußt oder unbewußt, aus Neugier oder durch dauerndes Sündigen, oder aus welchem Grund auch immer, der wird, wenn er dem Geistlichen begegnet, zuerst einen Widerstand irgendeiner Art bekommen: „Das ist doch verrückt! Das ist doch übertrieben..." Es sei denn, er hat sich bereits geöffnet und sucht das Licht, weil er spürt, daß das andere Unwahrheit ist.

Es kann da gerade auch in Gottesdiensten, bei der Verkündigung des Wortes Gottes, bei der Wandlung oder beim Lobpreis zu ganz starken Widerständen und Reaktionen kommen.

Das gilt auch umgekehrt für einen Menschen, der im „plus" steht, der im Geist Gottes steht. Er wird, wenn er auf andere Dinge stößt, es merken und fragen: „Da stimmt doch etwas nicht. Wo bin ich denn da hingeraten?..."

Diese mathematische Formel ist also sehr gut anwendbar für die Unterscheidung der Geister.

Aspekte der Unterscheidung

In der gesamten Tradition gibt es bei der Gabe der Unterscheidung verschiedene Aspekte, wie man unterscheiden kann. Die einen bringen sieben Möglichkeiten der Unterscheidung, wo die Engel, die Natur usw. unterschieden werden. Aber man kann das alles so, wie es Cassian tut, auf einen Nenner bringen:

1. Ist etwas von Gott, von Gottes Geist?
2. Ist etwas vom bösen Geist?
3. Oder ist etwas von mir, von meinem Egoismus, von meinem Ich?

Gottes Geist wie auch der böse Geist handeln nicht an mir vorbei, sondern immer durch mich hindurch, so daß bei jeglichem Handeln Gottes, des Geistes Gottes bzw. auch des bösen Geistes immer auch etwas vor mir dabei ist. Sie handeln nicht einfach an mir vorbei, wo ich zu einer Art leblosem Sprachrohr werde, sondern sie benutzen mich in meiner Eigenart, in meinem Denken, in meinem Glauben, auch in meinem Egoismus. Es ist also immer ein Handeln durch mich. Deshalb ist bei allem — ob es nun von Gott oder vom Bösen ist — immer auch etwas von mir dabei: Entweder wird von mir etwas Positives benutzt, oder es strömt von mir auch etwas Negatives mit ein. Das ist ganz verschieden.

Gott kann durch eine Prophetengabe z. B. ein positives Wort sagen. Da ich aber vielleicht egoistisch bin und mehr oder weniger auch auf mein Ansehen bedacht bin, kann es sein, daß in dieses von Gott kommende Wort auch noch etwas Egoistisches miteinfließt, was mir Ansehen verschafft: daß ich vielleicht noch einen Zusatz beifüge. Das geschieht aber, ohne daß es mir so recht bewußt wird.

Selbst bei einem prophetischen Wort muß man unterscheiden, was nun wirklich von Gott ist und was vom Betreffenden, der das Wort ausspricht, ist. Vielleicht ist der erste Satz wirklich von Gott, der zweite aber ist rein menschlich, ohne daß einem das bewußt wird. Man empfindet ja das Sprechen Gottes durch sich nicht als etwas Außergewöhnliches, sondern als etwas ganz Normales. Ein innerer Impuls ist genau so wie ein Einfall, wo wir nicht immer unterscheiden können, ob das jetzt von Gott ist oder von mir. So kann dann neben dem Impuls von Gott auch etwas von mir einfließen.

Und deshalb: Auch wenn das, was ein Mensch sagt, wirklich positiv ist, was alle tief trifft, und es wirklich möglich ist, daß Gott da etwas sagen wollte, so kann man nicht sagen, daß der nächste Satz auch noch unbedingt von Gott sein muß. Man kann auch nicht behaupten, daß alles, was ein guter Mensch sagt, gut ist. Das ist eine verkehrte Folgerung. Selbst wenn einer ein Heiliger ist, kann man nicht sagen, daß dann alles, was er sagt, heilig ist. Es kann dann noch sehr viel Egoistisches mitschwingen, das einfach zu seiner Natur gehört, die noch geläutert werden muß. Und da fallen viele darauf hinein, daß sie sagen: Bei diesem oder jenem Menschen geschehen Wunder, da werden Kranke gesund. Also muß, was der sagt, wahr sein! Diese Folgerung ist falsch.

Das Buch über die Irrtümer der Heiligen wäre sehr dick, wollte man sie alle einmal zusammenfassen. Das steht aber nicht im Widerspruch zu ihrer Heiligkeit, sondern das sagt nur, daß sie eben nicht unfehlbar sind in Glaubensaussagen. Auch wenn sie heilig sind, können sie sich in Glaubensaussagen täuschen und irren. Das ist also nur ein Zeichen dafür, daß sie Menschen sind; und das ist gut für die Demut.

Das ist sehr wichtig, gerade im Bereich der Erneuerung. Wie leicht geschieht es, daß irgendwer von irgendwoher kommt und plötzlich ein Lahmer aufspringt und zu gehen beginnt. Der „Heiler" kann dann verkünden und sagen, was er will, alles wird ihm geglaubt und abgenommen.

Und selbst, wenn es gegen die Lehre der Kirche ist und an der Schrift ein wenig vorbei geht — es muß wahr sein, „denn in diesem Menschen wirkt Gott." Aber genau das ist falsch.

Es kann sehr wohl sein, daß Gott durch diesen Menschen ein Wunder wirkt, aber deshalb ist noch lange nicht gesagt, daß jedes seiner Worte Wahrheit ist. Wie oft können wir das erleben, daß Menschen, die wirklich ehrlich das Wort Gottes verkünden wollen, durch die Gott sogar Zeichen wirkt, Dinge verkünden, die unwahr sind, die bereits Mißbrauch sind.

Wir müssen hier sehr klar sein und dürfen uns nicht irreführen lassen. Es geht hier um gute Dinge, und wir müssen unterscheiden, was wirklich von Gottes Geist ist und was vom Bösen mißbraucht ist, um vom eigentlich Guten wegzuführen.

Gabe der Unterscheidung — als geistliches Gespür für das, was von Gottes Geist kommt

Die Gabe der Unterscheidung ist ein geistliches Gespür für das, was von Gottes Geist kommt und was nicht.

Und gerade in einer Zeit des Aufbruchs der Erneuerung, wo wirklich Leben kommt, bedarf es dringend dieser Gabe der Unterscheidung. Denn es schwingen, wie gesagt, immer auch andere Dinge mit, z. B. Menschliches: So können Sie Sehr wohl auch in geistlichen Dingen Ihren Egoismus und Ihr ganzes Streben und Sehnen nach Macht ausleben. Das alles können Sie auch im geistlichen Vollzug ausleben. Und je mehr und je intensiver es geistlich zugeht, umso notwendiger ist die Unterscheidung! Auch ein Einwirken des bösen Geistes kann vorliegen: Die Mächte der Finsternis können auch Dinge mißbrauchen durch Übertreibung des Guten, in der Versuchung zum „magis", zum „Mehr", bis es so weit geht, daß ich nicht mehr kann, zusammenbreche und dann alles aufgebe.

Das alles sind Dinge, die gerade bei einem starken Aufbruch ganz gefährlich sind. Wir erleben Menschen, die auf einmal zum Glauben an Gott kommen. Sie sind begeistert und beginnen, sofort maßlos zu übertreiben, weil es andere ja auch tun, fallen dann enttäuscht wieder zusammen, hören auf und fallen wieder ins alte Leben zurück. Das kann nur geschehen, wenn sie nicht den Weg der Stetigkeit, des Organischen gehen, sondern gleich Übertreibungen zum Opfer fallen und sich so selbst überfordern. Und diese Übertreibungen sehen ideal aus! Das muß ja doch von Gott sein! —

Aber das ist eben nicht von Gott, sondern der Böse hat das mißbraucht, um mich übermäßig zu strapazieren im Geistlichen. Das hat jemand einmal so ausgedrückt: „Wen der Teufel nicht bremsen kann, den treibt er an!" — Und zwar so, bis er nicht mehr weiterkann.

Die Gabe der Unterscheidung ist also ein gnadenhaft geschenktes, geistliches Gespür für das, was von Gottes Geist kommt.

In der Heiligen Schrift: Unterscheidung zwischen „Heiligem Geist" und dem „Geist der Lüge", der „Täuschung"

Die Schrift unterscheidet zwischen dem „Heiligen Geist", durch den allein der heilige Gott anwesend ist und dem „Geist der Lüge", dem „Geist der Täuschung" (vgl. Joh 8,44; 1 Joh 4,6), dem „Geist der Verwirrung" (verwirren heißt im Griechischen: diabolein; daher kommt die Bezeichnung: „Diabolos" = der, der verwirrt).

Der Heilige Geist ist der Geist der Wahrheit, der Geist des Vertrauens, der Geist des Lebens, der Geist der Liebe, der Geist der Selbsthingabe, der Geist der Freude.

Ihn erkennt man daran, daß er uns mit Gott und miteinander verbindet. Worte und Dinge also, die Menschen sagen oder tun, werden immer Menschen, die es hören, die diesen Dienst in Anspruch nehmen, in die Verbindung mit Gott und miteinander führen, wenn sie von Gottes Geist durchdrungen sind, wenn sie von Gottes Geist her stammen und von ihm benutzt sind.

Der Geist der Verwirrung, dessen Kennzeichen die Lüge ist, weiters Mißtrauen, Vernichtung, Haß, Ich-Betonung und Unfrieden — dieser Geist trennt uns von Gott und voneinander.

Sie werden immer wieder feststellen können, daß gerade die Lüge ein Einfallstor ist für die Macht der Finsternis. Ich kann Sie nur einladen, in Ihrem ganzen Wesen wahrhaftig zu sein. Nehmen Sie lieber unangenehme Dinge in Kauf, als daß Sie in die Lüge ausweichen. Denn das ist ein Einfallstor, und dann beginnen Angst, Mißtrauen und ähnliche Dinge. Diese Dynamik des Bösen hat nur das Ziel, Beziehungen des Menschen zu Gott, zu sich selber und zu den anderen entweder zu behindern oder zu zerstören.

Das sind jetzt bereits Kriterien, woran man erkennen kann, ob etwas von Gottes Geist ist oder nicht. Ich erlebe das z. B. oft bei Handlungen, die nicht so recht durchsichtig sind. Manche Menschen lassen sich so auf gewagte Sachen ein, daß man nicht genau weiß, ob das schon zum Okkulten gehört oder nicht.

Es gibt ja so eine Art Zwischenbereich, wo eigentlich keiner so richtig Bescheid weiß, wo man aber sehr oft an der Folge erkennt, daß diese Dinge nicht vom Heiligen Geist kommen. Wenn z. B. Menschen plötzlich in ihrer Beziehung zu anderen Menschen oder auch zu Gott gestört und behindert sind, wenn diese Menschen auch sagen, daß sie sich plötzlich so schwer tun im Gebet. Natürlich muß auch hier wieder unterschieden werden, aus welchem Grund das so ist: Ob das wirklich eine Behinderung ist oder ob das eventuell mit der Nacht der Sinne, einem ganz normalen geistlichen Prozeß, zu tun hat. Aber diese Unterscheidung ist ziemlich eindeutig zu treffen in solchen Fällen. Wenn die Behinderung einem gleichsam die Luft nimmt, wenn Widerstände ganz massiv werden — das ist dann keine geistliche Entwicklung, denn da hat man keine Widerstände, sondern nur Schwierigkeiten. Das sind Folgen, an denen man merkt, daß irgendwo etwas nicht stimmt.

So können Sie auch z. B. bei prophetischen Worten erkennen, ob sie wirklich von Gottes Geist kommen, der ja immer verbindet, meine Beziehung zu Gott verstärkt, meine Beziehung zu den Menschen aufbaut und meine Beziehung zu mir selbst erneuert — oder ob diese Dinge stören.

Ein Beispiel: Vor einiger Zeit hat mich ein Priester angerufen. In einem Kreis von Menschen, die wirklich hingegeben leben, ist in der letzten Zeit plötzlich etwas auf- und durchgebrochen: Eine Person mußte während des Gebetes in der Gebetsgruppe immer wieder laut in Sprachen beten — und zwar sehr lange, laut und alleine.

Das hat sehr gestört, hat die anderen irritiert, obwohl sie es ehrlich gemeint hat.

Man müßte das an Ort und Stelle prüfen, ob das nun an der Versammlung liegt, die auf so etwas nicht eingeht, die das Sprachengebet nicht zuläßt oder auch nicht nach der Auslegung fragt. Es könnte also auch einmal an der Gemeinde liegen. Man kann das nicht verabsolutieren. Genau so könnte es aber auch jetzt zwar eine an sich positive Sache sein wie hier eben das Sprachengebet, aber, weil so ein Drang dahinter war — und Gottes Geist zwingt nicht, er lädt nur ein! — könnte es ein, daß da irgendetwas dahintersteckt, das nun das Gute des Sprachengebetes mißbraucht, um die ganze Gebetsgemeinschaft durcheinanderzubringen.

In sich ist das Sprachengebet positiv, und Paulus spricht ja auch davon, daß einer in der Gebetsversammlung in Sprachen beten kann. Das ist also grundsätzlich etwas Positives. Die Wirkung aber ist, daß die anderen sich ärgern, daß sie innere Widerstände bekommen. Es kommt ein ungutes Gefühl auf. Hier müßte man jetzt prüfen, auf welcher Seite dieses Unwohlsein liegt, wo die Ursache dafür ist: Sind die anderen gegen dieses Sprachengebet, oder sind sie offen und bereit, dieses auch anzunehmen, aber die Art und Weise, das Wiederholen und die Länge werden als störend empfunden. Dann liegt die Ursache bei dem, der jetzt das Sprachengebet benutzt.

Man müßte das miteinander eigentlich prüfen können. Von weitem ist das nicht so leicht möglich.

Aber Sie merken, daß hier an der Wirkung irgendetwas nicht stimmt. Der Gebetskreis ist auf irgendeine Weise gestört. Und hier ist nun zu prüfen, wo es nicht stimmt: Kommt Gottes Geist bei den Mitfeiernden nicht an, oder feuert ein anderer Geist die Gabe Gottes übermäßig an, um dadurch das Gute zu stören.

Dazu braucht es die Gabe der Unterscheidung der Geister. Und es gibt da Menschen, die ein feines Gespür haben und es spontan sagen können, woran es liegt, an der Gemeinschaft oder am einzelnen.

Doch ist es, wie schon gesagt, auch möglich, diese Dinge gemeinsam zu erspüren und miteinander zu prüfen. Die einzelnen müßten dann einfach sagen, woher ihr Widerstand kommt. Aber dazu, daß der einzelne so etwas auch wirklich sagt und sagen kann, gehört auch ein gewisses Vertrauen. Trotzdem sollte man als Leiter den Mut haben zu fragen, welches Empfinden die anderen dabei haben. Wenn gesagt wird, daß sie ein schlechtes Empfinden haben, sollte ruhig zurückgefragt werden: „Sind Sie gegen das Sprachengebet? Widersteht Ihnen das Gebet überhaupt?"

Wenn das nicht der Fall ist, sondern eher das Gegenteil, und wenn die Widerstände nur aufgrund der Art und Weise, wie dieses Sprachengebet geäußert wird, aufkommen, dann muß es schon an dem liegen, der das Sprachengebet benutzt.

Die Dynamik des Bösen behindert und zerstört Beziehungen

Die Dynamik des Bösen hat also immer das Ziel, Beziehungen zu behindern, Beziehungen zu zerstören. Wir können es erleben, daß plötzlich in einer Gemeinschaft, sei es in einer Ehe, in einer Ordensgemeinschaft oder in einer anderen Form von Lebensgemeinschaft, Streit und Auseinandersetzung da sind — wegen einer Kleinigkeit. Verhaltensweisen, wo man erkennt, daß da Beziehungen gestört werden, können nicht vom Heiligen Geist sein. Und das will auch kein Mensch — daher ist das sicher auch nicht ausschließlich nur von einem selbst. Achten wir darauf! Denn wie schnell kann das manchmal in diese Richtung gehen, wo jeder sich fragt: Warum kam es eigentlich so weit?

Denken wir immer daran: Die Dynamik des Bösen zerstört oder behindert Beziehungen des Menschen zu Gott, zu den anderen und zu sich selbst, so daß man dann unzufrieden wird mit sich selbst u. ä.

Die Auswirkungen dieser Dynamik des Bösen sind das, was Paulus in Gal 5,19 beschreibt, die Früchte des Fleisches: ausschweifendes Leben, Götzendienst, Feindschaft, Streit, Eifersucht, Jähzorn, Eigennutz, Spaltungen, Parteiungen, Neid, Mißgunst.

Wenn solches aufkommt, ist das ein Zeichen, daß das bestimmt nicht vom Heiligen Geist ist; auch wenn in einem selber so etwas aufkommt, kann man spüren, daß da irgendetwas nicht stimmt; oder auch wenn bestimmte Dinge so etwas hervorbringen.

Geprüft werden also bei der Unterscheidung der Geister Worte und Handlungen — und zwar in der Person selber, die Worte spricht oder Handlungen setzt, wie auch in den anderen, die Worte aufnehmen, hören oder einen Dienst in Anspruch nehmen. Auf beiden Seiten ist die Unterscheidung der Geister anzuwenden, um zu spüren, von welchem Geist das betreffende Wort oder der betreffende Dienst kommt und von wem er beeinflußt ist.

Ob Worte vom Geist Gottes sind oder nicht, kann man prüfen an der Person selbst, die spricht, oder aber auch an der Wirkung, die dieses Wort bei der Person hervorbringt, wenn sie es hört.

Ebenso ist es bei Handlungen oder Diensten an der Person, die den Dienst tut, und auch an der Person, die diesen Dienst entgegennimmt, an der Reaktion dieser Person.

Manches kann ja auch aus menschlichen Impulsen erwachsen: Wenn z. B. in einer Gebetsgruppe menschliche Zuwendung, Wärme, gruppendynamische Elemente im Vordergrund stehen, dann könnte es sein, daß die Mitglieder vielleicht unbemerkt im rein menschlichen Bereich haften geblieben sind, daß es dann also eine rein menschliche Gemeinschaft ist und nicht Gemeinschaft im Geist.

Das ist in dem Sinn nicht schlecht, aber sie wird nicht lange halten und durchtragen können.

Der von Christus geschenkte Geist will die Menschen zu einer geistlichen Gemeinschaft weiterführen, in welcher ja die menschliche Gemeinschaft eingeschlossen ist, aber eben überboten wird.

Ich denke da immer an folgendes Beispiel:

Als ich noch Novizenmeister war, haben sie einmal vom Berliner Fernsehen unbedingt bei uns einen Film drehen wollen. Es ging dabei um einen Vergleich zwischen unserer Gemeinschaft und einer Berliner Kommune. Der

Unterschied zwischen beiden Gemeinschaften sollte gezeigt werden.

Ich erfuhr dann später von jemandem: Als der Film dann gesendet wurde, war die Berliner Kommune bereits aufgehoben, aber wir haben noch existiert!

Eine menschliche Gemeinschaft beruht auf Sympathie. Wenn nun die Sympathie fehlt, ist auch die Gemeinschaft zu Ende. Eine geistliche Gemeinschaft dagegen beruht auf Berufung durch die Kraft des Geistes. Das ist das Einmalige einer Ordensgemeinschaft in der Menschheitsgeschichte, daß da nämlich Menschen zusammenkommen, die sich nicht gewählt und ausgesucht haben. Und im Noviziat lernt man dann diejenigen kennen, mit denen man ein ganzes Leben lang gemeinsam gehen soll.

Es ist etwas Einmaliges in der Geschichte der Menschheit, daß solche Menschen, die ohne wählen zu können und ohne Sympathie, zusammengekommen sind, ein Leben lang zusammenleben können.

Das ist nur möglich aufgrund der geistgewirkten Gemeinschaft. Darum wird mir auch immer wieder ganz deutlich folgendes bewußt: Dort, wo wir uns reiben, wird eigentlich der Segen Gottes in seiner ganzen Tiefe spürbar und wirksam. Denn dort, wo wir uns reiben, treten wir uns nicht zu nahe, und da hat Gottes Geist die Möglichkeit, uns in einer viel tieferen Weise zu verbinden, nicht, weil wir uns sympathisch sind, sondern um des Herrn willen. Und das ist geistgewirkte Gemeinschaft.

Gerade unsere Grenzen sind eine große Hilfe, daß wir in einer Gemeinschaft nicht zu sehr zusammenrücken und rein menschliche Gemeinschaft werden und uns dann eben in kurzer Zeit auflösen, sondern daß wir dauernd am Sterben sind, am Ringen und damit dem Geist Gottes die Möglichkeit geben, in unser Sterben hinein Leben zu geben, das trägt, das allein wirklich trägt und das uns zugleich viel sympathischer macht in einer geistigen Sympathie als eine rein äußere, die uns nur fesseln und binden und unfrei machen würde.

Deshalb: Wer in Gemeinschaft lebt — und das sind ja die meisten — angefangen von der ehelichen Gemeinschaft bis hin zu geistlichen Gemeinschaften —, darf nie vergessen, daß die Grenzen des anderen ein großer Segen sind. Und wenn es zu Zusammenstößen kommt, haben sie die Möglichkeit, sich auf eine tiefere Weise wiederzufinden, in der Weise der Hingabe um des Herrn willen. Da entsteht eine viel tiefere und haltbarere Beziehung als durch die rein menschliche Sympathie.

Drei Möglichkeiten der Prüfung

1. Es sollen diejenigen die Unterscheidung ausüben, die bei einem geistlichen Vorgang anwesend sind.
Angenommen, wir sind beim Morgenlob zusammengewesen und hätten anschließend eine Unterscheidung der Geister versucht und gefragt: Was ist euch aufgefallen? Wo habt ihr ein gutes oder ungutes Empfinden gehabt? Bei welchem Gebet, bei welcher Art...?
Dann wären die, die anwesend waren, zuständig gewesen zu unterscheiden und zu erspüren: Wo haben Menschen wirklich auf Gottes Geist gehört? Wo haben sie ihr Eigenes gebracht? usw.

2. Eine weitere Bezugsgruppe für diese Unterscheidung der Geister wären geistliche erfahrene Menschen im Umkreis eines Christen, zu denen dieser Vertrauen hat.

3. Der dritte Kreis wäre die Ortskirche, wie es in „Lumen

Gentium" heißt und auch im 1. Thess.-Brief. Das Konzils-dekret über die Kirche sagt: „Das Urteil über die Echtheit der Geistesgaben und ihren geordneten Gebrauch steht bei jenen, die in der Kirche die Leitung haben und denen es in besonderer Weise zukommt, den Geist nicht auszu-löschen, sondern alles zu prüfen und das Gute zu behalten."

Im Kirchendekret heißt es auch wörtlich, daß die Charis-matiker dem Apostelamt unterstellt sind. Jeder also, der von Gott ein Charisma geschenkt bekommen hat, ist immer dem Amt, dem Apostelamt, unterstellt. Diese Zuordnung ist sehr wichtig, denn ihre Mißachtung bringt viel Unordnung und Verwirrung.

Unterscheidungskriterien

Ich möchte jetzt einige mehr allgemeine Unterschei-dungskriterien angeben, objektive und subjektive, die man miteinander z. B. in der Gebetsgruppe anwenden kann. So können Sie als Leiter mit den anderen zusam-men einmal einen derartigen Vorgang prüfen.

Wichtig ist allerdings, daß bei einer solchen Entschei-dung immer mehrere derartige Kriterien zusammenfal-len müssen. Ein Kriterium von den vielen, die ich jetzt nenne, genügt also nicht. Es sollten schon immer mehre-re zusammenkommen.

1. Objektive Unterscheidungsmerkmale

Bei den objektiven Unterscheidungsmerkmalen werden immer drei genannt:
(1.) Ein Wort, das gesprochen wird, ein Dienst, der getan wird, führt hin zu Christus und zu einer tieferen Liebe zu

seinem mystischen Leib, der Kirche, also *zu einer tieferen Liebe zum ganzen Christus.*

Geistwirkung ist immer ein tieferes Hinführen zu Christus dem Haupte und zu seinem Leib, der Kirche.

Sie werden das oft erleben, wenn Menschen in der Kraft des Geistes zu Gott zurückfinden, vielleicht vom Unglauben zum Glauben. Sicher wird es oft so sein, daß sie zuerst zu Christus finden und zunächst noch keinen Bezug zur Kirche haben. Das ist verständlich, denn das muß wachsen. Das ist nichts Negatives. Aber manchmal kann man erleben, daß sie zwar zu Christus finden, zu Christus Ja sagen, gleichzeitig aber zur Kirche Nein sagen. Das ist zu unterscheiden von der Haltung, wo Offenheit da ist und auch die Bereitschaft, da hineinzuwachsen. Wenn da sofort ein solcher Widerstand da ist, dann ist das ein Zeichen, daß das nichts mit Heiligem Geist zu tun hat. Teilweise wirkte zwar der Heilige Geist — und zwar die Hinführung zu Christus. Aber dann ist Menschliches eingeflossen, und das kann sogar durch die Verkünder geschehen sein.

Ich erlebe das öfters von nicht-katholischer Seite, von bestimmten Richtungen und Gruppierungen, wo ganz massive Aversionen, gerade auch gegen die katholische Kirche, da sind, wo im Verkündigen Christi gleich immer auch etwas gegen die Kirche miteingeflochten wird. Das kann dazu führen, daß selbst in Katholiken, die über diese Menschen wieder zum Glauben kommen — was ja gut ist und Zeichen des Wirkens des Heiligen Geistes ist —, zugleich durch die falsche Lehre, durch die Unwahrheit, eine Einbruchstelle geschaffen wurde, wo der Geist der Lüge einbrechen und in ihnen Widerstand hervorrufen kann. Ich habe das jetzt schon öfters erlebt.

Auch dort, wo ich — auch als Katholik — eine Wahrheit

ausklammere, ist bereits eine Einbruchstelle des Geistes des Widerstandes. Ich kann Ihnen das nur sagen aus praktischer Erfahrung mit Menschen, mit denen wir gebetet haben. Ich bete mit diesen Menschen immer das Glaubensbekenntnis durch und erlebe, daß sie bestimmte Glaubensartikel gar nicht aussprechen. Wenn ich sie dann daraufhin anspreche, merken sie erst, daß sie das gar nicht ausgesprochen haben. Wenn ich dann frage, wie sie zu diesem betreffenden Glaubensartikel stehen, sagen sie, daß sie da so ihre Schwierigkeiten hätten, daß da Widerstände in ihnen aufkämen und seien.

Es kann natürlich auch sein, daß ich einmal Glaubensschwierigkeiten über einen Glaubensartikel habe, wo ich nicht recht zurande komme und mit jemandem darüber reden möchte, um es zu klären, so weit es eben möglich ist. Das ist nichts Schlimmes. Denn das kann man miteinander durchsprechen und auch um Klärung beten.

Dort aber, wo dann plötzlich starke Widerstände kommen, z. B. bezüglich Maria, oder wenn man über das Amt spricht usw...., da hat das nichts zu tun mit nur „anderer Meinung". Ich bin auch mit vielen evangelischen Christen im Gespräch, die mir sagen, daß vieles für sie einfach noch Fragen aufwerfe. Aber das braucht alles Zeit, und es ist oft gut, Dinge einfach stehen zu lassen von denen sie meinen, daß sie in ihrem evangelischen Glauben einfach nicht beinhaltet sind. Das bringt überhaupt keine weiteren Probleme mit sich. Aber es gibt eben auch Begegnungen mit Menschen, wo schon bei einem bestimmten Stichwort Aversion, Aggression und Widerstände hochkommen.

Aus dieser Erfahrung heraus möchte ich es noch einmal so ausdrücken: Dort, wo eine Glaubenswahrheit ausgeklammert wird, ist das bereits ein Einbruchstor für die

Macht der Finsternis, die dann Widerstände erzeugen kann.

Ich möchte Ihnen das einfach auch zu Ihrer eigenen Beobachtung sagen.

Gottes Geist führt also zu Christus, dem Haupt, und auch zu seinem Leib, der Kirche — denn das ist erst der ganze Christus. Alles andere wäre ein Enthaupten Christi — und das geht einfach nicht!

Es ist verständlich, daß man Zeit braucht. Wichtig ist aber, daß die Richtung dahin geht, und da spüren Sie auch, daß Gottes Geist am Werk ist. Wenn es nicht so ist, dann kann man sehr wohl prüfen, ob da solche Widerstände eventuell da sind.

(2.) Ein weiteres objektives Unterscheidungsmerkmal dafür, ob Worte und Dienste vom Geiste Gottes kommen, ist, daß sie *dem Aufbau der Gemeinde dienen,* Gemeinde also nicht auseinanderreißen oder zerstören.

Gottes Geist führt also zu Gott hin, führt zueinander und führt, wenn es um Geistesgaben geht, in eine Zuordnung der Geistesgaben nicht gegeneinander, sondern aufeinander hin.

Daran erkennt man ebenfalls das Wirken des Geistes.

Manchmal können wir es erleben, daß jemand, wenn man sein sog. „prophetisches Wort" nicht akzeptiert und nicht annimmt, einen Zorn bekommt. Aller Wahrscheinlichkeit nach ist dieses „prophetische Wort" nicht von Gott, höchstens zu einem ganz minimalen Teil. Wenn ich Zorn bekomme, weil es nicht angenommen wird, und nicht die Demut habe, mich unterzuordnen und mich prüfen zu lassen, dann stimmt bereits etwas nicht mehr. Und es ist sehr gefährlich, wenn man Egoistisches, Neugieriges oder was auch immer in solche Charismen hineinnimmt, wo man gleichsam neugierig ist, was Gott denn jetzt sagt. Es ist ein Unterschied, ob man einfach begierig ist danach, den Willen Gottes zu erfahren, oder ob man neugierig ist.

Aber gerade, wenn entsprechende leuchtende Charismen gegeben sind und man mit anderen Menschen betet und wenn dann Neugierde da ist, dann wird das Wirken des Heiligen Geistes gestört und gehindert. Denn sobald das Egoistische mitspielt, spielt Gott nicht mehr mit. Dann spielt der „andere" mit, der das Egoistische, das Negative sofort mißbraucht. Aber Sie brauchen davor keine Angst haben. Es geht nur darum, die Charismen, die man zu haben glaubt, in der Hingabe und nur im Gehorsam zu leben. Es ist der beste Schutz vor Mißbrauch des Charismas, daß Sie diese Gaben nur anwenden, wenn der Leiter oder der zuständige Seelenführer Ihnen sagt, daß Sie das im Gehorsam tun sollen, daß Sie mit einem bestimmten Menschen beten sollen usw. Das ist nach unserer Erfahrung der beste Schutz — auch für den, der das Charisma ausübt und zwischendurch sehr unsicher wird, ob das alles noch von Gott kommt oder nicht.

Er sollte es einfach im Gehorsam tun und dem Leiter die Beurteilung überlassen. Gerade auf dem Gebiet der prophetischen Worte erleben wir heute geradezu katastrophale Dinge, wenn Menschen durch ein solches Wort total zerstört wurden. 1 Kor 13 hat dabei überhaupt keine Rolle gespielt: „Das Höchste aber ist die Liebe!" Auch die Wirkung soll aber aufbauend sein. Darauf müssen wir einfach achten. Was an Impulsen von Gott kommt, ordnet sich immer ein und unter. Was von Gottes Geist bewirkt wird, wird immer Ordnung suchen. Gottes Geist ist ein Geist der Ordnung. So sagt auch Paulus: „Aber tut alles in Ordnung!" (vgl. 1 Kor 14,40). Eine echte Kritik, die aufbaut, kann wirklich von Gottes Geist sein. Eine Kritik hingegen, die zerstört, ist bestimmt nicht von Gottes Geist.

Spaltungen innerhalb der Gemeinde, sogar Abspaltungen von der Kirche kommen bestimmt nicht vom Heiligen Geist. Sie sind meistens Schuld der Menschen. Auch hier denke ich an ein vor kurzem erfahrenes Beispiel: Von einer Gruppe, die schon lange in dieser „Erneuerungsbewegung" ist, sind plötzlich alle sowohl aus der evangelischen wie auch aus der katholischen Kirche ausgetreten, haben sich dann als eine Freikirche gestaltet und wurden eine baptistische Gemeinde. Das ist einfach, denn da ist man völlig frei und kann so auch machen, was man will. Bei den Baptisten ist ja jede Gemeinde vollkommen selbständig. Sie haben nichts, was einer Leitung im Gesamten oder einem Amt entsprechen würde. Sie haben sich auf diese Weise zusammengetan und konnten endlich nun so frei „wild-geistlich" leben. Das ist vor nicht allzu langer Zeit geschehen. Ich habe erfahren, daß sie sich bereits wieder getrennt haben. Irgendwie sind sie müde geworden, die Anfangsbegeisterung hat langsam nachgelassen und aufgehört. Nach unserer geistlichen Erfahrung durch zwei Jahrtausende bleibt es ja nicht bei dieser Begeisterung, sondern es kommt zu ganz massiven Sterbeprozessen im geistlichen Leben, zu Reinigungsprozessen, die aber dann zum Licht und zum Leben führen, das stetig ist.

Meistens wollen solche Menschen aber nur genießen...

Dann kam zu ihnen ein Religionsstifter von Indien, der auch wieder etwas Neues gegründet hat und den anderen die Unterweisung gab, daß nämlich Kirchen und kirchliche Gemeinschaften immer nur die Funktion hätten, Menschen so weit zu führen, wie sie selber sind. Wenn aber die Menschen dann weiter sind als diese kirchliche Gemeinschaft, dann ist diese für sie nicht mehr wichtig und entscheidend, und dann gehen sie eben in die nächste, die geistlich weiter ist, die sie also dann weiterführen kann. So vagabundiert man dann von einer kirchlichen Gemeinschaft zur anderen — immer eben zu der, die geistlich „weiter" ist.

So haben sie sich wieder getrennt und haben sich zum Teil diesem „christlichen Guru" angeschlossen.

Das ist ein ganz typisches Geschehen für die Unterscheidung der Geister: Zuerst spalteten sie sich ab von ihrer Kirche, in der die einzelnen zunächst waren, jetzt spalteten sie sich wieder, und möglicherweise war das nicht die letzte Spaltung.

Darum gibt es heute bei den Pfingstkirchen, die sich ja von diesem Aufbruch als erste ganz stark beeinflussen ließen, zwischen 400 und 600 eigene Kirchen, die alle behaupten, auf den gleichen Ursprung zurückzugehen. Daneben gibt es noch eine ganze Anzahl kleinerer solcher „Kirchen". Zum Teil aber erkennen sie bereits, daß ihnen das Amt fehlt, das Koordinierende. Denn es kann nicht vom Geist Gottes sein, daß sie sich dauernd trennen!

Daran wird ersichtlich, daß dort, wo ein starker Aufbruch geschieht, auch ein starkes Amt sein muß. Ein Amt, das nicht unterdrückt, sondern das hört, das Charismen fördert und einordnet, wo Charismen sich unterordnen und einordnen können — und das um der Einheit willen, damit wirklich alles zum Aufbau des Einen dient. Dazu gehören aber Gehorsam und Einordnung — nicht Unterdrückung. Gehorsam im Sinn von geistlichem Gehorsam, wo das Amt fördert, ordnet und unterscheidet. Das fehlt ein wenig — auch bei uns hier. Denn oft nimmt sich das Amt in seinen Repräsentanten zu wenig der Aufbrüche an und beobachtet nur „von weitem". Das ist aber nicht der Auftrag des II. Vatikanischen Konzils.

(3.) Ein drittes objektives Unterscheidungsmerkmal ist die *Übereinstimmung von Worten und Diensten mit dem Wort Gottes und der Lehre der Kirche.* Denn sowohl in der Lehre der Kirche wie auch im Wort Gottes spricht der eine Heilige Geist, der auch in den Charismen und in jeglicher echten Geisterfahrung wirkt und wirksam wird. Daher muß auch hier Übereinstimmung gegeben sein, denn Gottes Geist widerspricht sich nicht.

Das sind also drei objektive Unterscheidungsmerkmale, die Sie miteinander anwenden können.

2. Personale Unterscheidungsmerkmale

Es gibt dann noch die personalen Unterscheidungsmerkmale, die man an der Person feststellen kann: entweder an der Person, die spricht oder einen Dienst tut, oder an der Person, die betroffen wird.
Sie ergeben sich aus der Art und Weise, wie man einen Impuls erfährt oder wie man ihn an andere weitergibt.

(1.) Grundhaltung des Dienens

Träger charismatischer Gnaden, Träger eines Charismas also, haben die Art des Herrn an sich, so heißt es in der Zwölfapostellehre, einer ganz alten Lehre aus den ersten Jahrhunderten. Sie haben die Art des Herrn an sich — und die Art des Herrn ist das Dienen. Ein Mensch, durch den Gottes Geist wirken soll, wird daran erkenntlich sein, daß er mit dem, was Gott ihm gegeben hat, dienen will und daß er damit nicht das eigene Ansehen oder sonst etwas sucht.

Das ist ein Aspekt: daß ich also diese Dinge nicht für mich selbst mißbrauche. Und in dieser Gefahr ist ein jeder von uns. Wir werden immer wieder versucht sein, auch das Geistliche zu mißbrauchen zum eigenen Vorteil — auch wenn wir es nicht wollen. Irgendwo wirkt das immer wieder im Untergrund mit, und man kann sich da nie genug prüfen.

Wir sollten es nicht überbetonen, wenn wir in anderen und auch in uns selbst immer wieder diese oben genannten negativen Tendenzen spüren. Aber wenn bei jemandem ständig dieses Herrschen-Wollen kommt und er immer glaubt und betont, geistgewirkt zu handeln und zu sprechen, wenn immer wieder dieses Bestimmen-Wollen und Urteilen kommt, dann hätte ich viele Zweifel, ob ein solcher Mensch überhaupt brauchbar ist für Gottes Geist. Sicher kann Gottes Geist selbst durch unsere Sünde hindurch etwas Gutes wirken.

Aber es geht hier ja um die Unterscheidung, und da spielt das Entscheidende, nämlich die Dienst- bzw. Dienbereitschaft, eine wichtige Rolle.

(2.) Früchte des Geistes

Dieses Wirken des Geistes erkennt man weiters an den Früchten des Geistes, wie Paulus sie in Gal 5,22 beschreibt.

Es geht darum, daß Christus im Christen Gestalt gewinnen kann. Das geschieht durch die Früchte des Geistes. Es besteht ein Unterschied zwischen den Früchten des Geistes und den Gaben des Geistes. Die sog. Charismen kann Gott auch einem Sünder geben. Sie können dann allerdings vom Sünder leicht mißbraucht werden.

Deshalb wäre es ideal, wenn einer, der von Gott solche Gaben bekommt, auch selber ein sehr geistiges Leben führt. Die ungeteilte und entschieden gelebte Hingabe eines Menschen, der solche Charismen bzw. Gaben von Gott bekommen hat, sind ein Schutz gegen den Geist der Täuschung, der immer wieder versucht, diese Gaben zu mißbrauchen.

Menschen, die ein tieferes geistliches Leben führen, können durch diese Charismen auch sehr intensiv auf das geistliche Wachstum der Menschen einwirken.

Die Früchte des Geistes sind Liebe, Freude, Friede, Langmut, Freundlichkeit, Güte, Treue, Sanftmut und Selbstbeherrschung.

Wenn in einem Menschen diese Früchte heranwachsen, so ist das mit ein Kriterium, daß Gottes Geist ihn benutzen kann; oder auch, wenn Sie in Ihrem Gebetsleben, in einer Versammlung oder sonst wo diese Dinge in sich spüren: Wenn in Ihnen diese Grundhaltung der Freude ist, wenn Worte, die andere sagen, oder bestimmte Vorgänge in Ihnen Freude, Friede, Freundlichkeit, Güte usw. auslösen, dann ist das ein sehr wichtiges Kriterium dafür, annehmen zu können, daß da Gottes Geist am Wirken ist. Wenn dagegen das Gegenteil ausgelöst wird — auch im Gebetsleben — dann ist das ein Zeichen dafür, daß irgendetwas nicht stimmt.

Diese Früchte des Geistes und des Fleisches, wie Paulus sie im Galaterbrief beschreibt, können eine Art Faustregel sein, mit deren Hilfe ich zumindest feststellen kann, daß etwas von dieser Seite ist oder von jener, wenn es auch sein kann, daß ich dann noch nicht genau weiß, was eigentlich konkret jetzt nicht stimmt.

(3.) Personale Reaktionen

Das scheint mit etwas zu sein, was wir sehr gut für unsere
Gebetskreise oder auch für Sitzungsperioden in verschiedenen Vereinen brauchen können, wo die Art und
Weise geistlicher Vorgänge erspürt wird. Meistens nimmt
man ja das Positive als selbstverständlich hin. Aber ich
möchte jetzt einiges in dieser Richtung nennen, Zeichen
der Echtheit, daß Gottes Geist am Werk ist:
Es ist die Wahrnehmung von Freude, Friede, Freiheit. Das
kann durchaus auch sein, wenn man miteinander hart um
ein echtes Problem ringt. Trotzdem kann eine Freude da
sein, das miteinander tun zu können, daß man auch
Offenheit spürt und Freiheit; Freiheit, seine Meinung zu
sagen. Manchmal kommt es ja vor, daß man nicht die Freiheit hat, etwas zu sagen, weil man Angst hat vor der Reaktion des anderen. Aber da stimmt irgendetwas nicht. Man
sollte das auch dort noch viel mehr prüfen, wo man
zusammenkommt. Aber wie oft fehlt uns dazu der Mut,
das anzusprechen, obwohl man es ganz deutlich spürt.
Aber wenn wir geistliche Menschen sind und es sein wollen, müßten wir den Mut haben und es trotzdem sagen.
Vielleicht sollte man es miteinander ausmachen, daß man
es sagen darf... Kommt es nicht immer wieder vor, daß
eine Unfreiheit da ist, die ehrliche Meinung, die man hat,
oder einen Vorschlag einfach einzubringen — aus irgendeiner Angst?
Aber da müssen Beziehungen nicht in Ordnung sein, da
muß irgendetwas sein, was nicht von Gottes Geist ist.
Weitere *Zeichen der Echtheit* sind Wahrnehmungen von
Klarheit, Ernst, Betroffenheit. Wenn das, was geredet
wird, klar und durchsichtig ist und nicht so verschwom-
men, wenn es eine ernste Sache ist. Es führt zu Betroffen

heit und vielleicht auch zum Dank, zur Anbetung, zum Lobpreis.

Das sind Zeichen echter Geistwirkung.

Hinweise auf die Unechtheit, d. h. auf die Einwirkung eben anderer Mächte, der Mächte der Finsternis, das Wahrnehmen von Bedrückung, von Niedergeschlagenheit, Verkrampfung. Sie können das manchmal im Gebetskreis erleben. Man müßte da als Leiter einfach den Mut haben zu sagen, daß man ein ungutes Gefühl hat, und die anderen auch daraufhin zu fragen. Wenn die anderen dann alle sagen, daß sie ein gutes Gefühl haben und nichts Ungutes empfinden, dann müßte ich mir als Leiter überlegen, was bei mir selbst nicht stimmt. Natürlich kann es auch einmal sein, daß bei mir alles in Ordnung ist und bei allen anderen nicht. Aber das wird selten so sein. Es könnte aber gut sein, daß bei mir irgendeine Beziehung nicht in Ordnung ist — daß vielleicht zuhause oder da, wo ich gerade herkomme, irgendetwas nicht stimmt, und daß ich daher innerlich noch unzufrieden bin mit mir selber. Und es könnte mich aufdecken, wenn ich nun die anderen frage, welches Empfinden sie haben.

Sehr oft aber wird es so ein, daß alle oder zumindest der größte Teil dasselbe Empfinden haben. Man sollte dann aber auch nicht einfach weiterbeten, damit man die Sache zu Ende bekommt, sondern den Mut haben, einmal wirklich nach der Ursache zu fragen und z. B. einen gemeinsamen Bußakt machen. Wenn man wirklich jemanden mit dem Charisma der Erkenntnis und des Aufdeckens hat, dann kann man ja einmal beten, in Sprachen beten, weil das ja die Charisma besonders anregt, und dann kann Gott zeigen, wo der Grund liegt, wo etwas nicht stimmt. Es kommen da im Gebet, im Bild und im Wort ganz konkrete Dinge — nicht Verschwommenes

67

oder Allgemeines, wo man alles Mögliche hineinlegen kann. Es wird da ganz klar aufgezeigt, woran es liegt und was jetzt im konkreten Augenblick hindert. Gott spricht klar und deutlich, wenn wir es ihm erlauben! Wenn dieses Charisma nicht gegeben ist, kann man das aber, wie gesagt, auch miteinander erspüren, indem man sein eigenes Empfinden einfach ausspricht und auch die anderen sich dann dazu äußern.

Aber Sie kennen das sicher, daß sich manchmal alles so in einer Niedergeschlagenheit, in einer Bedrückung und Verkrampfung befindet, daß man fast nichts mehr sagen kann. Dann bitte nicht mit Gewalt weiterbeten und versuchen, daß man den Gebetskreis irgendwie zu Ende bekommt in der Hoffnung, daß es das nächste Mal besser wird, sondern da muß die Sache an Ort und Stelle angesprochen und geklärt werden. So kann der Abend noch zu einem gut florierenden Gebetsabend werden, denn Gottes Geist kann durchbrechen, wenn die anstehenden Dinge gelöst werden.

Weitere Wahrnehmung negativer Einwirkungen kann das Empfinden von Verwirrung sein, wobei auch eine gewisse Belanglosigkeit, ein Befremden empfunden werden kann, daß auf einmal selbst unter bekannten Menschen, im Gebetskreis, im Pfarrgemeinderat oder wo auch immer, ein derartiges Befremden empfunden wird und sich breit macht. Auch die Wahrnehmung von Unruhe ist ein Hinweis auf das Vorhandensein negativer Einwirkungen. Wenn sonst ruhige Menschen unruhig werden, wenn man spürt, daß das nicht die Unruhe des Geistes ist, sondern die Unruhe des Verwirrers: auch das Empfinden von Distanz, von Lähmung kann spürbar werden. Das alles sind Hinweise darauf, daß hier nicht unbedingt Gottes Geist wirksam ist.

Wichtig aber ist hier: Haben Sie den Mut, daß Sie als Leiter sofort bei derartigen Wahrnehmungen die anderen wirklich auch daraufhin ansprechen, was sie empfinden, um so gemeinsam zu erspüren, ob das der Geist Gottes ist, der da wirksam ist oder eben nicht. Wenn Sie versuchen, das zu übergehen und mit Gewalt den Gebetsabend oder was auch immer durchzuziehen, da kann sich nichts lösen und klären. Gerade für Menschen, die sich wirklich vom Geist führen lassen möchten, wäre es eine große Hilfe, das wirklich auch zu tun und auch einander dazu immer wieder zu ermuntern.

(4.) Auswirkungen im Alltag

Ein Letztes bei den objektiven Auswirkungen wären noch die Auswirkungen im Alltag.

Ob etwas wirklich von Gottes Geist gewirkt ist — eine echte Umkehr, echte Geistesgaben usw. wird man daran ersehen, daß jemand seine Pflichten im Beruf, Familie, Gesellschaft, wo er eben eingesetzt ist, mit noch größerer Sorgfalt erfüllt und sie nicht vernachlässigt; daß eine Familienmutter z. B. nicht einfach den Kühlschrank auffüllt, damit etwas zum Essen da ist, sich dann verabschiedet und außer Haus geht, weil sie zum „Evangelisieren gerufen ist". Da stimmt etwas nicht, wenn solche Konsequenzen gezogen werden.

Wenn jemand wirklich vom Geist Gottes berührt ist, erkennt man das daran, daß er seinen Pflichten noch viel besser nachkommt, sodaß der andere Partner in der Familie z. B. zu fragen beginnt, was denn der Grund für diese Wandlung ist. An solchen Auswirkungen muß man es zuerst erkennen können. Das ist schon ein altes Kriterium, und man kann da heute manchmal sehr negative

Erfahrungen machen. Das schockiert dann auch die Umgebung mit Recht; denn das kommt ja nicht von Gottes Geist.

Auch da ist es wichtig, sich selbst immer wieder zu überprüfen. Echte Geisterfahrung wird also nicht nur im religiösen Bereich erfahrbar, sondern auch im ganz natürlichen Bereich meiner Pflichten.

Ein Schema der Unterscheidung

Es gibt von verschiedenen Kirchenlehrern und Heiligen eine Art Aufstellung, eine Art Gegenüberstellung von dem, was von Gottes Geist kommt, und dem, was vom Geist der Täuschung kommt. Ich möchte Ihnen davon eine Zusammenfassung geben:

1. Der Geist Gottes verstößt nie gegen die Liebe

Wenn also irgendwo etwas gegen die Liebe verstößt, hat das nichts mit dem Geist Gottes zu tun. Dann ist es der eigene Egoismus, der meistens auch schon vom Geist des Bösen mißbraucht wird. Es ist wichtig festzuhalten, daß Gott nichts gegen unsere Freiheit tut. Auch die Engel und die Heiligen tun nichts gegen unsere Freiheit. Deshalb müssen wir sie auch einladen. Sie stehen gleichsam bereit, und selbst wenn wir in Not sind, kommen sie nicht einfach und drängen sich auf, sondern sie warten, und sobald sie gebeten werden — sei es der hl. Michael oder der hl. Raphael in der Krankheit oder wer auch immer —, sobald sie angerufen werden, kommen sie auch zu Hilfe; aber erst dann, wenn sie angerufen werden, wenn ihnen „erlaubt" ist, daß sie zu Hilfe kommen „dürfen".

70

Die Geister der Verwirrung dagegen achten die Freiheit des Menschen nicht. Sobald sie eine Lücke spüren, dringen sie da ein. Deshalb sagt Prof. Görres, München, ein Psychologe: Satan und die bösen Geister mißbrauchen eine jegliche Schwachstelle des Menschen — ob psychisch, oder physisch oder ob geistlich. Sie fragen nicht, ob sie das dürfen, sondern sie schlagen einfach zu, sobald sie eine Schwachstelle finden.

Allein schon wenn wir nicht in der aktiven Liebe leben und jemanden eben bloß neben uns „leben lassen", können sie das schon mißbrauchen. Da kann es dann sein, daß aus dieser nicht aktiven Liebe Ablehnung kommt, Aversion, die sich steigern kann bis zur Wut, zum Haß... Das sind Dinge, die wir alle aus unserem Leben wohl kennen.

Darum ist es der beste Schutz, wenn wir aktiv in der Liebe sind, so gut wir eben können. Dagegen kommt nichts an.

Das ist also der Unterschied: Gott und die ganze Seite, die zu ihm gehört — sein ganzer Leib —, drängen sich nie auf. *Gott zwingt sich nicht auf,* sondern er will gebeten sein, also in Freiheit angerufen und erwartet.

Die bösen Geister hingegen zwingen sich auf und dringen überall ein: Wo sie eine Lücke finden, mißbrauchen sie diese.

Aufgrund dieser Tatsachen und Erfahrungen meine ich auch, daß es eigentlich keinen bloß neutralen Akt des Menschen gibt, wo nur der Mensch handelt und weder Gott noch die andere Seite etwas damit zu tun haben.

Denn entweder es ist ein positiver Akt und ich bin als Christ in Christus, dann handelt Christus durch mich. Oder es ist nicht positiv und wird dann bereits sofort mißbraucht von den Geistern, die mich trennen wollen von Gott. Gottes Geist verstößt also nie gegen die Liebe.

Wenn es gegen die Liebe geht, so ist normalerweise der Egoismus der Grund, der aber dann oft schon vom Bösen mißbraucht ist. Man merkt das daran, daß diese negative Haltung einem Menschen gegenüber wächst und sich steigert: daß es zunächst eben diese „neutrale" Haltung einem anderen gegenüber ist, die sich so weit steigert, bis man von demjenigen nichts mehr wissen will.

Diese negativ sich steigernde Wirkung kann nur unterbrochen werden, wenn wir da eine Schranke setzen, indem wir in der aktiven Liebe vergeben und wieder auf diesen Menschen zugehen.

Deshalb ist das auch *das* Gebot, das Jesus uns gegeben hat: das Liebesgebot.

Der Geist Gottes führt also hin zur Liebe — auch dort, wo wir uns schwer tun, wo es uns schwerfällt. Denn es geht hier nicht um ein Können. Er führt uns darauf hin, drängt uns immer wieder auf diese Wege und gibt uns auch Hilfen dafür, z. B. über das Gebet: „Herr, segne ihn!", und all die anderen Möglichkeiten, sodaß wir wieder zur Liebe fähig werden. Gottes Geist macht uns bereit zu uneigennütziger Liebe — und wir dürfen darum bitten.

Wie wichtig ist da das Bittgebet! Glauben wir doch wieder daran, daß Gott auch wirklich handelt, wenn wir ihn um etwas bitten. Und wenn wir Gottes Geist bitten um uneigennützige Liebe, dann beginnt er auch zu handeln! Natürlich geschieht nichts wie ein plötzlicher Einbruch, sondern es geht hier um den Prozeß eines organischen Wachstums. Aber es ist sicher und unumstößlich, daß Gott auf ein solches Gebet hin handelt und beginnt, in diesem Menschen uneigennützige Liebe zu entfalten.

Wir Christen bleiben manchmal zu schnell sofort stehen; wenn es eine Auseinandersetzung gegeben hat, dann schauen wir, daß wir uns schnell wieder versöhnen, meiden aber einen weiteren näheren Umgang und halten bewußt einen gewissen Abstand. Aber das ist dann bereits eine Einbruchstelle. Und so etwas geschieht auch unter uns sog. „geistlichen" Menschen. Wenn aber so etwas da ist, läßt das Gemeinschaft bereits sterben, und es kommt zu einer Stagnation im Wachstum.

Das aber ist Gottes Geist: Er führt uns hin zur Liebe, er gibt dazu Kraft, und wir dürfen ihn darum bitten. Das sollten wir viel mehr nutzen!

Die *Geister der Verwirrung* führen genau zum Gegenteil: zu *Haß, Neid, zu Eifersucht und Streit.* Und wir werden dafür immer objektive Gründe finden: daß es ja ganz logisch ist, da einmal Wut zu bekommen bei einem solchen Menschen usw. Wenn man bei solchen aufkommenden Regungen nicht ganz wachsam ist, kommen dann gleich auch Neid, Eifersucht, Streit...

Oft sind das auch seelische Verletzungen, aus denen diese Dinge dann kommen, Verwundungen aus der Kindheit, die dann vom Bösen mißbraucht werden. Und es kann ja nur das mißbraucht werden, was „schief" liegt, was noch nicht „gerade" ist. Darum ist es auch so wichtig, daß Sie weitermachen in Ihrem geistlichen Leben und um innere Heilung beten. Die braucht jeder. Bleiben Sie also nicht stehen, wenn jemand einmal mit Ihnen gebetet hat im Glauben, daß das jetzt genug ist. Dieses Gebet war nur der Anfang. Es folgt dann noch ein Prozeß dieser Heilung, der Wochen, Monate, manchmal über Jahre gehen kann.

Vergleichbar ist das mit einer Operation: Wenn sie beendet ist, kann der Patient sich auch noch nicht so verhalten, als ob er bereits wieder ganz gesund wäre. Auch hier braucht es also Zeit für das Geschehen und den Vorgang der Heilung. Innere Heilung ist ein organischer Prozeß —

und nehmen Sie sich die Zeit, jeden Tag gerade vor dem eucharistischen Herrn um diese Heilung zu bitten.

Je weiter dieser Prozeß voranschreitet, umso weniger Ansatzpunkt gibt es dann auch für derartige Mißbräuche. Die Geister der Verwirrung fördern die *Rechthaberei* und die *Besserwisserei;* das ist das, was schon Paulus anprangert.

Wie oft kommt auch das unter geistlichen Menschen vor, dieses Besserwissen und Rechthaben-Wollen. Oft ist es auch objektiv richtig, daß wir „Recht haben". Aber wenn das zum Unfrieden führt, welchen Sinn soll das dann noch haben?

Sinnvoller wäre es da, mein „Recht" eben etwas zurückzustellen, zumal es da oft auch um Dinge geht, die man sehr wohl so oder so machen kann. Es muß wirklich nicht sein, daß ich da immer auf mein Recht poche.

Wichtig ist auch hier wieder, daß wir auf die Früchte des Geistes achten und nicht auf dieser Rechthaberei und Besserwisserei bestehen bleiben. Es ist besser, lieber zugunsten der Liebe und des Friedens etwas zurückzustellen, wenn dabei nichts Substanzielles aufgegeben wird — und oft geht es bei derartigen Dingen um nichts Substanzielles. Wenn es Substanzielles ist, dann kann man wirklich in Liebe miteinander reden, denn Wesentliches kann man nicht aufgeben.

Es ist aber gefährlich, mit der Liebe alles entschuldigen zu wollen: Die Hauptsache, wir lieben einander. Lassen wir doch einfach alles gelten — ganz egal, ob wahr oder unwahr, ob Irrtum oder Wahrheit... Wie gefährlich ist das! Wenn ich einen Menschen liebe, kann ich ihn doch nicht in seinem Irrtum lassen! Das ist doch dann keine wahre, echte Liebe. Ich kann ihm dann ja in Liebe sagen, daß das ein Irrtum ist. Vielleicht kann ich ihm nicht alles auf einmal sagen, aber so nach und nach — oder ich bitte den Geist Gottes, daß er ihn hinführt.

Wenn ich wirklich liebe, dann will ich dem anderen das große Geschenk geben — die Wahrheit.

Geister der Verwirrung verstoßen gegen die christliche Liebe und benutzen dazu alles mögliche — vor allem fromme Sachen; sie benutzen meist nicht offensichtlich schlimme Sachen. Bei der Unterscheidung der Geister geht es immer um die positive Ebene, wo dann selbst geistliche, geistige Auseinandersetzungen uns in Streitereien und Lieblosigkeit führen — auf der Ebene des Theologischen und Geistlichen. Aber da stimmt etwas nicht! Gott zwingt niemandem seine ewige Wahrheit auf. So ist es auch nicht an uns, einander diese Wahrheit aufzuzwingen. Es geht nur darum, in Liebe anzubieten. Wenn die anderen dann nicht wollen, dann ist eben jetzt die Zeit, so lange zu warten, bis auch ihre Stunde gekommen ist.

2. Der Geist Gottes schenkt innere Ruhe, Kraft und Sicherheit

Innere Ruhe: „In dir allein findet meine Seele Ruhe" (vgl. Ps 62,2). Das ist ein ganz entscheidendes Wort. Der Geist Gottes erscheint nie forsch, fordernd, ungeduldig.

Das kann man auch wieder sehr wohl entdecken z. B. bei Verkündern, sei es von der Kanzel aus, oder im Unterricht, auch in einem Zwiegespräch, kurz, in Situationen, in denen jemand einem anderen Gottes Wahrheit, also Geistliches, mitteilen will. Wenn das nun fordernd, ungeduldig geschieht, dann ist das nicht von Gottes Geist, auch wenn es die Wahrheit ist. Hier geht es wieder darum, die Art Jesu an sich zu haben, damit Jesus auch wirklich mit meinem Wort beim anderen durchkommt.

Oder wenn jemand ein Charisma hat und es in dieser fordernden Weise gebraucht: „Der Herr sagt euch...!", dann ist hier die Unterscheidung ganz wichtig. Das sind eigentlich tyrannische Mittel — vielleicht, um etwas Bestimmtes durchzubringen. Warum kann ich nicht demütig bleiben und z. B. es so ausdrücken: „Ich habe den Eindruck, ich habe das Empfinden, mir kam dieser oder jener Gedanke,... ich möchte es einfach einmal sagen, und, bitte, prüft es doch..." Warum können wir das nicht auf diese Weise sagen, einfach und schlicht?

Wenn hingegen jemand sagt: „Der Herr sagt euch:...", dann kommen die anderen in einen gewissen Zugzwang, denn, wenn der Herr etwas sagt, möchte wohl keiner dem entgegen handeln. Ich würde Ihnen gerade bei diesen Wortcharismen raten, immer in ganz demütiger, einfacher und schlichter Weise sich auszudrücken. Denn, wer hat denn wirklich die Garantie, daß etwas ein Wort vom Herrn ist? Vielleicht ist es nur ein ganz guter, lieber Gedanke von Ihnen selbst! Das ist nicht schlecht und das können Sie auch ruhig sagen. Es wird dabei nichts zerstört werden — auf jeden Fall aber nicht allzu viel passieren.

Bei diesen prophetischen Worten ist es oft so, daß es ganz allgemeine Worte sind, die jeder weiß, die auch kaum jemanden „umwerfen". Das sind liebe, nette Worte. Es muß aber noch kein prophetisches Wort sein, sondern kann einfach ein guter Gedanke sein — und warum sollen Sie ihn nicht auch sagen? Vielleicht hilft das dem einen oder anderen, sich dessen wieder neu bewußt zu werden, was durch dieses Wort angesprochen wird.

Prophetisches Wort ist nach dem Neuen Testament zur Ermahnung, zur Erbauung, zum Trost — und zwar ganz konkret in eine bestimmte, gegebene Notsituation hinein. Je nachdem, was eben gerade die Situation ist, löst es Betroffenheit aus oder baut es auf, auch wenn es ermahnt. Vor allem ist es nicht fordernd oder ungeduldig, wo es heißt: „Ihr müßt...!" und: „Wenn Ihr nicht...!" Ich denke da an etwas, womit ich vor kurzem zu tun hatte. Es sind Menschen, die es ehrlich meinen, und es geht hier nicht um negatives Urteilen. Ich möchte dieses Beispiel bringen, weil das Dinge sind, die einem jeden von uns passieren können. Vor einiger Zeit bekam ich ein Päckchen mit Prophetien von einer Familienmutter. Sie hat sich ganz ehrlich auf Gott eingelassen, und plötzlich kamen innere Eingebungen, die sie dann auch aufgeschrieben hat. Das meiste sind ganz normale, christliche Sachen, wo ich keine Prophetie dazu brauche, sondern was ich auch so weiß und kenne. Auf einmal kam dann der innere Anruf an die Frau, eine russische Bibel zu kaufen. Danach die Aufforderung, selber (als Familienmutter!) nach Rußland zu fahren — für eine unbestimmte Zeit, eine bestimmte Anzahl von Bibeln mitzunehmen und damit an einen bestimmten Ort zu fahren. Ihr Mann, der auch ehrlich gerungen hat, weil auch er wirklich den Willen Gottes erfüllen wollte, wurde immer unruhiger bei dem Gedanken, daß seine Frau vielleicht für längere Zeit, vielleicht auch für immer in Rußland bliebe und daß er dann mit den Kindern allein sein würde.

Er versuchte wirklich, mit seiner Frau mitzugehen, soweit er mitgehen konnte. Und es wurde alles vorbereitet für den Rußland-Flug — ohne zu wissen, was sie dort tun und wo sie unterkommen würde...

Da kamen sie — Gott sei Dank — noch zu einem Priester, der ganz klar mit ihnen sprach und es ihr untersagte, nach Rußland zu gehen. Sie können sich vorstellen, wie erlöst der Mann daraufhin war.

Hier können wir ganz klar unterscheiden: Gottes Geist widerspricht sich nie! Er wird niemals eine Familie trennen und die Frau von der Familie wegnehmen auf „unbestimmte Zeit", Sie in ein Schicksal hineinführen, das ganz ungewiß ist, wo sie sogar umkommen kann. Das müßte eine ganz außergewöhnliche Berufung sein, die aber der Mann dann auch genau so stark empfinden würde.

So, wie es bei Klaus von der Flüe war: Wo beide das genau so empfinden und wo beide voll Ja sagen. Das ist aber etwas ganz Außergewöhnliches, wodurch ein außergewöhnliches Zeichen von Gott her gesetzt wird.

Wenn der eine nicht mehr mit kann, obwohl er besten Willens ist — da muß man prüfen und unterscheiden.

Aber solche Dinge können vorkommen, und ich werde noch darauf zu sprechen kommen, daß diese bösen Geister auch widersinnige und unnatürliche Anweisungen geben, die mit dem Natürlichen, mit dem Naturgesetz, das ja von Gott gegeben ist, nicht übereinstimmen.

Es gibt nun Menschen, die ein sehr starkes Gefühlsleben haben und auch eine starke Phantasie, Menschen, die in ihrer Phantasie einen ganzen Film drehen könnten und die meinen, daß das bei anderen auch so sei. Wo das Gefühls- und Phantasieleben so stark ist, kann es dann eben auch zu Wahrnehmungen von „inneren Stimmen" kommen. Aber das, was da herauskommt, muß unbedingt immer geprüft werden — und das kann man am besten an den Früchten sehen. An ihnen kann man erkennen, was wirklich Gottes Geist ist und was eben nicht.

Abhängig ist das, wie gesagt, auch von der Eigenart des einzelnen: ob es ein gefühlhafter, phantasiereicher Mensch ist, oder ob es ein trockener Typ ist. Gottes Geist erscheint jedenfalls niemals forsch, fordernd oder ungeduldig. *Er setzt uns auch nicht unter Druck.*

Wenn nun manche ein „prophetisches Wort" haben, können sie es kaum mehr aushalten, bis sie es auch aussprechen können. Aber Paulus sagt dazu, daß der Prophet über der Prophetengabe steht. Er *kann* entscheiden, ob er es sagt oder nicht und auch, wann er es sagt. Und er *muß* das auch entscheiden. Er kann es nicht einfach heraussagen, wann es ihm gerade kommt.

Ich kenne eine Person, die immer unter Druck war, die es fast nicht mehr aushielt und nicht mehr schlafen konnte, weil sie das einfach sagen „mußte". Und dabei ging es da um Dinge, die sehr bedenklich waren.

Zum Beispiel kam da — vor längerer Zeit — auf Weihnachten hin der Impuls: „Diese Person wird vor Weihnachten sterben." Damit verbunden war ein ganz starker, dauernder Impuls, bis in die Nacht hinein: „Du mußt es ihr sagen. Wenn du es ihr nicht sagst, dann versäumt sie etwas, dann bist du schuldig, wenn sie sich nicht vorbereitet..." Dabei ist diese Frau wirklich vorbereitet — bis heute, denn sie lebt immer noch...

Oder ein anderes Beispiel von derselben Person, wo auch wieder etwas kam, was mit einem starken Druck verbunden war: in einem Gebetskreis hat sich einer entschieden, Theologie zu studieren, und zwei andere, zu heiraten. Da sah diese Person in einem Bild den Bräutigam als Priester, der die anderen beiden — den, der sich für das Priestertum entschieden hatte, und die Frau — traut. Sie hatte wieder den Drang, ihnen das zu sagen. — Aber ihr geistlicher Begleiter hat ihr das untersagt.

Sie können hier ganz genau die Raffinesse des Bösen sehen. Denn, hätte sie das gesagt, wären alle unsicher geworden, und zwei Berufungen wären untergraben worden. Wieder also dieser Druck, daß sie es nicht aushältundessagenmuß...Gottes Geist aber zwingt niemals.

Wenn so etwas echt ist, dann ist da kein Druck, und denen, die ein echtes Charisma haben, macht auch so die Frage zu schaffen, ob sie auch richtig unterscheiden könnten, ob das ihr eigener Gedanke oder ob das von Gott sei. Sie merken da, wie zartfühlend Gott es anbietet, wie man sich überwinden muß, es einmal zu sagen und es von den anderen prüfen läßt, ob auch wirklich jemand betroffen wird. Man darf dann auch wissen, daß es von Gott sein könnte, wenn es betroffen macht, wie menschliche Worte allein nicht betroffen machen können. Es ist also nicht aufdringlich, sondern ganz leise angeboten, sodaß man sich manchmal gar nicht getraut, es zu sagen.
Gottes Geist setzt niemals unter Druck!
Prüfen Sie sich da auch selber: Setzen Sie jemand unter Druck, wenn Sie die Wahrheit verkünden?
Gottes Geist wirbt nur — mit Liebe, und er wird nicht müde, mit Liebe die Wahrheit zu sagen.

Wie oft aber drohen wir den Menschen — auch in unseren Gebetskreisen. Achten Sie darauf, daß Sie da nicht ein Werkzeug für etwas anderes werden, obwohl Sie es gut meinen.
Wie viele Christen sind da auch geschädigt, weil sie oft von Kindheit an viel unter Druck gesetzt worden sind mit allen möglichen moralischen Phrasen.
Gottes Geist also *wirbt* und *lädt ein. Er gebraucht nie Angst, Furcht oder Drohung.* Es gibt da so viele Droh-Botschaften, sog. Privatoffenbarungen. Ich meine wohl, daß da bestimmt einiges auch von Gott ist und daß Gott bemüht ist, die Welt auf sich aufmerksam zu machen und zu retten und daß er alles dafür tut. Daran zweifle ich überhaupt nicht. Aber wenn das Eine, das Gute, floriert, dann floriert auch das andere. Und dann kommt eben der

Böse im Lichtgewand des Engels und erscheint dann eben auch als Mutter Gottes, als Erzengel Michael oder als sonst etwas. Er war ja schließlich auch ein Engel.

Und eben da geht es um die Unterscheidung. Sie werden sich auch vielleicht erinnern, wo solche sog. Privatoffenbarungen gegen die Anordnung der Kirche verbreitet worden sind. Achten Sie einfach immer darauf, daß Sie ganz in der Wahrheit bleiben.

Achten Sie immer auch darauf, daß Gottes Geist nie Angst, Furcht oder Drohung gebraucht. Er wirbt immer und lädt immer ein. Er kann sehr wohl sagen: „Wenn ihr so weitermacht, dann ist die Folge dieses oder jenes — rechnet bitte damit..." Aber er sagt nicht: „...dann werde ich euch bestrafen..."

Bei Sodom und Gomorra sagte er ja auch, was geschehen würde, wenn sie weiter sündigten. Der Untergang wäre so die Folge ihrer Sünde, aber nicht das Werk Gottes. Und wenn ihr dem Wort Gottes nicht glaubt, dann entscheidet ihr euch für die Hölle... Gottes Geist strahlt *Kraft* aus, *Ruhe* und *Sicherheit*.

Die *Geister der Verwirrung* dagegen schaffen ein *schlechtes, beunruhigendes Gewissen*. Selbst wenn Sie gebeichtet haben und Gott wirklich alles gegeben haben, kommt es trotzdem immer wieder hoch in ihnen. Das ist nicht ein zartes Gewissen, das zeigt, daß hier etwas mißbraucht wird. Vielleicht wird etwas Krankhaftes mißbraucht, Ängstlichkeit, Überängstlichkeit aus Verletzungen heraus — das kann schon sein. Zeichen für das Wirken dieser Geister ist, daß sie verwirren wollen. Und ein schlechtes, beunruhigendes Gewissen verwirrt. Darum: Der nackte Glaube ist wichtiger als alle Gefühle, die Sie im Glauben haben. Die Gefühle ändern sich nämlich ständig. Aber das, was das Wort Gottes sagt, gilt und ist unveränderlich: wenn Gott vergeben hat, dann ist auch wirklich vergeben. Dieser nackte Glaube im Gehorsam zum Wort Gottes ist viel sicherer als alle Gefühle, die Sie haben. Auch Schuldgefühle sind nicht immer Schuldgefühle, sondern können manchmal einfach nur Ausdruck eines zarten Gewissens sein oder ein zartes Empfinden eines Menschen, der Gott sehr liebt. Da sind sie nicht ein Zeichen von wirklichem Gesündigt-Haben. Hier müssen wir unterscheiden.

Die Geister der Verwirrung treten immer *bewußt* und *fordernd* auf. Entsprechend sind dann diese sog. prophetischen Worte: „Ich aber sage euch: Das muß so und so gemacht werden...“

Ich übertreibe jetzt etwas. Aber diese Dinge kommen eben immer wieder auch vor. Ich denke da jetzt an ein Beispiel, das uns in der letzten Zeit begegnet ist, ein Beispiel, das sehr niederschmetternd war.

Es ging um Menschen, die sog. prophetische Worte haben und Bilder und die anderen diese Worte dann auch zuschicken. Es ging zweimal um Kranke, denen sie so etwas zuschickten mit dem Inhalt: „Sie werden gesund. Sie müssen es nur glauben. Der Herr hat es gesagt“.

Bei der einen war es ein Bild, wo sie eine Kranke im Bett liegen sah, die dann aufstand und ging. Daraus hat sie geschlossen, daß diese betreffende kranke Person gesund werde.

Aber wie kann man so einen Schluß ziehen? Vielleicht sollte es einfach eine persönliche Ermunterung sein, durch die ich persönlich aufgefordert werde, für diese Kranke zu beten! Aber was Gott dabei wirkt, das ist seine Sache und nicht meine. Vielleicht will er nur bewirken, daß sie die Kraft bekommt, den Tod anzunehmen. Aus einem derartigen Bild, wo die Kranke aufsteht und herumläuft, kann man doch niemals schließen, daß Gott dadurch offenbart, daß sie gesund werden wird!

Tatsächlich ist diese kranke Familienmutter dann gestorben. Die ganze Familie war enttäuscht und begann am Glauben zu zweifeln; ob sie denn nicht genug geglaubt hätten; ob es überhaupt noch einen Gott gibt usw., sie sind dabei fürchterlich zusammengebrochen.

Es waren zwei derartige Fälle.

Sie spüren: Diese Geister der Verwirrung treten bewußt und fordernd auf. Echte prophetische Worte sind nicht bewußt fordernd, sondern sie sind demütig und anbietend: „Überlegt einmal: Das oder jenes ist mir gekommen...“

Sie erwecken auch einen *falschen Leistungsdruck,* daß man selbst bis ins Geistliche hinein dauernd unter Druck steht. Vielleicht kennen Sie das auch: Wenn ich nicht so und soviel gemacht habe, wenn ich das nicht so und so mache, dann komme ich nicht in den Himmel...

Das sind solche Geister der Verwirrung, die uns dann irgendwo überfordern, damit wir die Lust verlieren am Geistlichen. Das ist das Ziel.

Und dazu verwenden sie immer Gutes: Sie benutzen das Gute, um es uns zu verleiden, um uns zu überfordern, und erwecken dann einen falschen Leistungsdruck. So werden oft Forderungen an uns gestellt, wo es heißt, daß sie von Gott sind; Forderungen, die wir nicht erfüllen können. Dann resigniert man, gibt auf und gibt auch den Glauben auf, „weil man es eben doch nicht schafft“!

Sie drohen weiters *Strafen* oder *Versäumnisse* an. Auch da geschieht es leicht, daß wir irgendwann einmal aufhören und aufgeben.

Aber schauen wir einmal in die Heilige Schrift. An allen

Stellen, z. B. auch bei Jona, wird deutlich: Auch wenn Gott sagt, daß nichts mehr zu machen ist und daß ein Strafgericht kommt, dann sagt er damit: „Wenn ihr so weiterlebt, ist jetzt das Maß voll. Eure Sünde hat euch eingeholt. Das ist so."

Das heißt aber nicht, daß wir das nicht verändern können, daß aber, wenn wir nicht sofort — so wie Ninive — Buße tun, alles zu Ende ist. Das ist ja auch die Botschaft von Fatima: „Wenn ihr..., dann folgt noch ein Krieg."

Aber das ist die Folge unserer Sünden und nicht, weil Gott das jetzt so inszeniert!

Darum auch: „Wenn ihr umkehrt, wenn ihr auf Gott zugeht, dann fällt das ab, dann gibt es das nicht, sondern im Gegenteil: Dann wird Rußland sich bekehren und es wird eine neue Weltordnung sein."

Das, was positiv ist, ist die Folge der Umkehr. Das andere ist Folge der Sünde. Darum sagt Jesus auch: Wer mein Wort gehört hat, der ist schon gerichtet und der braucht kein Gericht mehr (vgl. Joh 5,24).

Jeder hat sich sozusagen schon am Wort Gottes entschieden. Da braucht er kein Gericht mehr. Entsprechend sind dann auch die Früchte.

Deshalb prüfen Sie immer, wenn Sie solche Botschaften hören: „Ihr könnt Buße tun, wie ihr wollt, jetzt kommt das Strafgericht Gottes. jetzt ist nichts mehr zu machen. Das Maß ist voll..." So etwas ist ganz sicher nicht von Gott. Bei Gott ist immer noch etwas zu machen — und wenn es nur noch zehn Gerechte in Sodom gibt.

Die Geister der Verwirrung stellen *Forderungen,* die *Unruhe, Unsicherheit* und *Mutlosigkeit erzeugen.*

Der Geist Gottes überfordert nie. Er führt mich behutsam und Schritt für Schritt. Er holt mich da ab, wo ich gerade stehe, und fordert nicht Dinge, die für mich im Moment noch unerreichbar zu sein scheinen. So werde ich nicht in Mutlosigkeit geführt, sondern ich erlebe dann wirklich befreiende Auferstehung in meinem Herzen. Gott überfordert nie. Er nimmt mich so, wie ich bin. Ich sage immer: Der eine fängt an bei minus dreißig und kommt in seinem Leben bis plus zehn. Der andere fängt vielleicht bereits bei plus dreißig an und kommt nur bis plus sechzig. Deshalb ist es wichtig, sich nicht miteinander zu vergleichen. Das ist das Dümmste, was man machen kann, v. a. wenn Sie sich mit der großen Teresia vergleichen wollen. Da kommen Sie ohnehin nie hin und resignieren so auf jeden Fall! — Vergleichen Sie sich mit sich selbst. Da können Sie ganz genau spüren, ob da ein Wachstum ist oder nicht, wenn Sie jetzt vielleicht auf plus zwanzig sind, während Sie vor einem Jahr noch auf plus zehn waren. Und dann werden Sie sich auch freuen.

3. Der Geist Gottes führt einen geraden, einsichtigen Weg

Der ist sicher nicht immer so einsichtig, daß er klar ersichtlich vor mir liegt, denn es geht ja immer darum, die Pläne Gottes im Dunkeln zu suchen, Schritt für Schritt. Im Nachhinein aber wird er als gerader Weg erkenntlich und deutlich. Bei Philippus sehen wir das ganz klar: Zuerst der Ruf:
„Mach dich auf den Weg nach Gaza!" — dann der Wagen, die Stimme: „Halte dich an diesen Wagen!" — Er hört das Lesen aus dem Propheten, er steigt auf, erklärt, tauft und wird vom Geist wieder weggeführt (vgl. Apg 8,26-40). Ist das nicht ein gerader Weg — ohne jeden Umweg?
So führt Gottes Geist!

Nur muß ich auch die Schritte tun. Wenn die nächste Tür aufgeht, dann gehe ich durch, und wenn die nächste nicht mehr aufgeht, dann gehe ich eben wieder heim... Gottes Geist gibt *klare Anweisungen* und entscheidet *nie sprunghaft*. Die Impulse sind normalerweise klar und eindeutig. Es ist immer auch ein organisches Wachstum gegeben, verschiedene Dinge wirken zusammen. Z. B. kann Ihnen ein prophetisches Wort gegeben werden, das Sie sehr trifft. In unserer Gemeinschaft ist jemand, der sehr stark betroffen war durch das Wort, das an Abraham erging: „Zieh fort aus deinem Land!" — Ohne zu wissen, wohin.

Auf ein solches Wort hin kann ich nicht gleich losziehen. Hier muß ich weiterhören, denn es sollten immer mehrere Kriterien gegeben sein. Und da hört man auf einmal, daß etwas aufgebaut wird, wo man Leute braucht, und zwar genau in der Branche, für die ich geeignet bin und in der ich mich auch einbringen möchte. Das ist ein zweites Kriterium — und Gott führt ja hauptsächlich durch Zweitursachen: durch die äußeren Umstände, durch Menschen, von außen her. Ich bekomme also zunächst einen Impuls von außen, ein Wort, das ich irgendwo höre, bekomme vielleicht auch innerlich den Impuls: „Du bist gemeint. Ich will etwas von dir." Ich spüre auch, wie sich in mir etwas löst von meinem Eigentum, wo ich immer mehr bereit werde, alles zurückzulassen und wegzuziehen — etwas, was ich vielleicht vor zwei oder drei Jahren noch nicht gekonnt hätte. Dann kommt dazu noch ein konkreter Impuls von außen, durch den ich vielleicht auch angesprochen werde und vielleicht direkt gefragt werde, ob ich nicht auch mitwirken könnte...

So kommen verschieden Kriterien zusammen, und sie geben miteinander die relative Sicherheit, daß Gott jetzt wirklich gesprochen hat. Aber ein prophetisches Wort allein reicht dazu nicht aus.

Erstens also muß ich in mir einen Widerhall finden, denn derselbe Geist, der zu mir spricht, ist ja auch in mir. Weiters müssen auch die äußeren Umstände damit in irgendeiner Weise übereinstimmen. Dann erst kann ich mit einer relativen Sicherheit annehmen, daß der Herr mich auf einen bestimmten Weg führen möchte. Das ist auch wichtig für Gruppen: Wenn in einer Gruppe z. B. der Impuls kommt, in der Stadt zu evangelisieren, in diese oder jene Kirche zu gehen..., dann geht es zunächst darum, den Impuls einmal wahrzunehmen. Wenn dann alle sagen, daß sie sich wohl fühlen bei diesem Gedanken, daß sie erspüren — innerlich —, daß da ein Auftrag in ihnen ist, dann sollte man weiterhören. Kann sein, daß einer aus dieser Gruppe dann in ein Gespräch mit einem Pfarrer kommt, der vielleicht sagt: „Wie wäre es, wenn ihr zu uns kämt?" —

Da sehen Sie, wie Verschiedenes zusammenfällt und wir erkennen können, daß die Impulse eigentlich alle zusammen stimmen.

Aber ist es nicht manchmal auch so, daß im Gebetskreis prophetische Impulse kommen, man hört sie an, findet sie nett, deckt sie aber dann zu und prüft nicht, was die einzelnen innerlich dabei empfinden. Versuchen wir wirklich zu spüren, ob das vielleicht in uns als Richtung irgendwie schon vorbereitet ist? Hören wir dann auch auf das, was in der nächsten Zeit von außen her auf uns zukommt?

Wie oft decken wir solche Impulse einfach zu, machen weiter und hören dann auch nicht mehr.

Da geht aber vieles unter, und dann redet Gott auch nicht mehr. Es hat ja keinen Sinn, wenn niemand hört...

Der Geist Gottes führt also einen sehr einsichtigen Weg, nicht sprunghaft, sondern organisch, so daß eines ins andere geht und ein Kriterium das andere ergänzt. Meistens dauert es auch eine längere Zeit, in der diese Dinge sich klären und reinigen. Gottes Geist gibt wichtige Anweisungen, auch ein zweites Mal, wenn ich ihn darum bitte. Er führt uns wie Kinder, die Hilfe brauchen, und er tut das liebevoll. Er läßt uns in Freiheit echte Kinder Gottes sein, die auch einmal Dummheiten machen, die ängstlich sein können, zögern und zaudern.

Die *Geister der Verwirrung* dagegen wählen oft *verworrene Zickzack-Wege.* Das liegt dann vor, wenn ein Mensch sich „aus dem Nest werfen" läßt: Auf einmal kommt irgendein Impuls und, ohne lang zu überlegen, wird dann z. B. das Studium abgebrochen, und dann geht man dorthin. Nach einer Weile merkt man plötzlich, daß das gar nicht das Richtige ist. Dann kommt ein anderer Impuls, der vielleicht nur ein eigenes Gefühl ist, etwas, was man im Kopf hat und von dem man denkt, daß einem das gefallen könnte...

Letztlich geht es immer um Subjektives, und es ist eigentlich reiner Egoismus, aus dem man da handelt. Man ist dann eine zeitlang da und eine zeitlang dort, hat alle möglichen Berufungen, die es in Wirklichkeit gar nicht gibt. Aber das sind nur Zickzack-Wege. Man folgt einem Impuls, anstatt zu warten, ob ein neues Kriterium dazukommt, ob von außen her auch Zeichen kommen, die dann erst ein Hinweis sind, den Weg zu gehen.

Manchmal entsteht daraus eine Bedrängnis, und darum meinen manche dann auch, daß sie betroffen sind. Aber man muß sehr klar unterscheiden zwischen echter Betroffenheit und dem Drängen, das aufdringlich ist. Echtes Betroffen-Sein ist etwas Wunderschönes. Es kann einem zwar alles kosten, aber es befreit einen vom Eigentum, sodaß man es wirklich auch zurücklassen kann. Das andere dagegen ist nicht befreiend, das ist ein starker Druck, wo man eigentlich nicht in der inneren Freiheit den Schritt tun kann. Man läuft dann einfach in eine bestimmte Richtung, ohne daß man vorher diese Dinge wirklich geprüft hat. Das kommt oft vor, und leider geht das dann nicht immer gut aus.

Geister der Verwirrung drücken sich gerne auch sehr *verwaschen* und *unklar* aus. Sie *ändern* auch *sehr oft ihre Meinung*. Nicht, daß es charakterlos ist, seine Meinung zu ändern, wenn man etwas Besseres eingesehen hat — im Gegenteil. Sie jedoch ändern sehr oft, alle Augenblicke, ihre Meinung. Das sind dann sehr drängende Stoß-Impulse. Geister der Verwirrung wollen *Übereifer* erzeugen und damit *Überforderung*. Es ist hier diese Versuchung zum „magis", zum „Mehr" gemeint. Deshalb ist es so wichtig für Anfänger, daß sie ganz normal leben und in allem die Kardinaltugend der Mäßigkeit halten sollen. Es geht nicht darum, gleich extreme Dinge zu tun! Wichtig ist also die Tugend der Mäßigkeit und auch die Regelmäßigkeit: mäßig, aber regelmäßig. Wenn Gott dann weiterruft, spürt man das ganz sicher und kann das dann auch unterscheiden. Manche aber übernehmen sich da gleich am Anfang, kommen in einen Übereifer, der sie schließlich in eine Überforderung führt.

4. Der Geist Gottes handelt nie gegen die göttlichen Gesetze oder gegen die Naturgesetze

Die *Geister der Verwirrung* dagegen geben oft *unnatürliche und widersinnige Anweisungen*. Dahinein fällt

z. B., daß jemand seine Pflicht vernachlässigt, weil er den Eindruck hat, daß er jetzt evangelisieren muß. Hier wird das Gute mißbraucht, um das Normale, das Natürliche zu unterlassen. Damit werden auch Unruhe und Unfrieden daheim gestiftet, und dann ist das erreicht, was die Geister der Verwirrung wollen.

5. Der Geist Gottes läßt reifen und wachsen

Wir sehen das, wenn wir in die Natur gehen. Deshalb: Vergleichen Sie sich immer nur mit sich selbst! Da können Sie feststellen, ob Sie gereift und gewachsen sind nach einem Jahr, nach drei Jahren, nach zehn Jahren. Sie können vergleichen, wie Sie z. B. jetzt nach einem Jahr in einer ähnlichen Situation reagieren... Gottes Geist läßt reifen und wachsen. Er läßt uns Zeit. Vielleicht merken Sie da auch manchmal Ihre geistliche Unruhe, wenn Sie in einem Tag bereits heilig sein wollen — und das womöglich noch über Nacht, daß es nichts kostet...!
Aber das ist nicht von Gottes Geist. Sein Geist läßt uns Zeit: siebzig Jahre, wenn es hoch kommt, achtzig. Was darüber ist, ist Beschwer und Bedrängnis (vgl. Ps 90,10). Aber nützen Sie diese siebzig Jahre!

Der Geist Gottes *bittet* und *regt an* und führt zum Nachdenken — wenn er z. B. in einem Menschen an Sie herantritt.

Die *Geister der Verwirrung* dagegen *bedrängen,* stellen *ultimative Forderungen.* „Bist du nicht willig, so brauch ich Gewalt..." Das sind Geister der Verwirrung. Denn da kommt ja ein jeder durcheinander — vor allem, wenn das auf geistlicher Ebene ist. Sie weisen auf schlimme Versäumnisse hin, sodaß man dauernd nur mehr im Beben ist und nicht mehr in der Freude.

Achten Sie immer wieder gerade auf diese Früchte, die immer auch mitklingen: Wenn in mir irgendwo solche Dinge aufkommen, dann stimmt etwas nicht. Prüfen Sie dann wirklich sofort, welcher Geist da jetzt am Werk ist.

6. Der Geist Gottes gibt uns Anstöße zum Tätig-Werden

Ein geistlicher Mensch, der lahm und träge wird, ist sicher nicht vom Geist Gottes geführt. Gottes Geist weckt uns auf, wenn wir trödeln und bummeln wollen. Vielleicht kennen Sie das auch, wenn Sie einmal einen Tag haben, an dem Sie keine konkrete Aufgabe vor sich haben, wo Sie dann dieses und jenes machen, da in einem Buch blättern, dort etwas zurechtrücken... wo Sie in sich aber so ein komisches Gefühl haben, das Empfinden einer gewissen Unzufriedenheit — das ist dann das Wirken des Geistes Gottes, das Sie so wahrnehmen können. Der Geist Gottes weckt uns auf und führt uns zur Entscheidung: Entweder ich lege mich ins Bett und schlafe mich aus, oder ich mache einen anständigen Spaziergang oder ich erledige eine ordentliche Arbeit.

Alles andere ist einfach nichts. Aber auch in der Pflicht kann man anfangen zu trödeln und zu bummeln.

Gottes Geist *läßt* uns weiters auch *mitwirken an seiner Schöpfung.* Er will also auch mein Mittun — sowohl im Geistlichen wie auch im Geschöpflichen. Er will die Welt verändern, aber auch durch mich, durch uns. Wir dürfen mit dabei sein, dürfen mit schöpferisch tätig sein. Er will alles von mir, alle meine schöpferischen Fähigkeiten in Anspruch nehmen.

Die *Geister der Verwirrung* dagegen *lähmen* unser Handeln, *führen zur Passivität*. Das ist diese Lähmung, die wir manchmal so spüren — oft verbunden auch mit einer Unzufriedenheit (Früchte des Fleisches!). Sie *verharmlosen wichtige Aufgaben:* „Das muß heute noch nicht sein — das reicht auch morgen noch..."

Aber diese Dinge kennen Sie ja, und es kommt vor — je nachdem, welche Aufgabe einer hat —, daß man wirklich wichtige Aufgaben verharmlost.

Ich gebe immer den folgenden Rat: Wenn es gleichwertige Aufgaben sind, dann tun Sie immer zuerst die unangenehmere. Sobald Sie sich überwunden haben und es tun, weil es der Wille des Herrn ist, werden Sie in eine ganz tief befreiende Freude kommen, weil es eine Befreiung von Ihrem Egoismus ist. Und das ist eigentlich die tiefste Freiheit, die wir erleben können. Die angenehmere Arbeit, die dann kommt, erzeugt in mir vielleicht nicht einmal mehr so viel Freude wie das Tun des Unangenehmeren. Wichtig ist es, hier ganz klare Grundsätze zu haben, sodaß wir nicht selber immer wieder Opfer unserer eigenen Bequemlichkeit werden.

Die Geister der Verwirrung lähmen also unser Handeln, halten uns ab von wichtigen Aufgaben und auch von notwendiger Mitarbeit — im Bereich des Geistlichen wie auch des Geschöpflichen.

7. Der Geist Gottes macht uns hellhörig für jede Sünde

Je mehr Sie sich vom Geiste Gottes leiten lassen, umso feinfühliger werden Sie für Ihre Sünden. Da kann es sein, daß Sünden, die Sie früher gar nicht so ernst genommen haben, plötzlich ganz stark und massiv vor Ihnen stehen.

92

Daß bloß ein Gedanke der Lieblosigkeit Sie so erschüttert, daß Sie beichten gehen müssen — etwas, wo Sie sich früher vielleicht gar nichts dabei gedacht hatten.

Das alles geschieht aber nicht bedrängend, sondern ist erlösend und befreiend. Gottes Geist zeigt uns unsere Fehler und Schwächen so, daß wir uns gerne ändern wollen — und das ist befreiend. Wenn es dagegen so bedrückend und bedrängend für mich ist, wenn mir Fehler bewußt werden — auch wenn es meine wirklichen Fehler sind —, dann wird selbst das mißbraucht vom Geist der Verwirrung.

Der Geist Gottes gibt uns neuen Mut und neue Hoffnung — auch, wenn wir im tiefsten Graben sind, im größten Versagen. Er gibt uns befreiende Anweisungen, die nicht bedrängen oder uns in irgendeiner Weise zwingen.

Er weist uns zärtlich und liebevoll auf Ungerechtigkeit, Unkorrektheit, Unwahrhaftigkeit und Lieblosigkeiten hin — zärtlich und liebevoll, aber bestimmt.

Die *Geister der Verwirrung* dagegen machen uns *rechthaberisch, lieblos* und *verbittert.* Und wie viele Fromme gibt es, die verbittert sind, die lieblos und rechthaberisch sind, die auf ein paar Wahrheiten so bestehen, daß sie alle anderen in einer lieblosen Weise verurteilen. Aber das hat nichts mehr zu tun mit dem Evangelium, obwohl sich solche Menschen eigentlich für objektive Wahrheiten einsetzen.

Dies wird aber von den bösen Geistern mißbraucht. Sie *stellen* unsere *Fehler* und *Schwächen in* ein so *trübes Licht,* daß wir hoffnungslos und passiv werden. Mancher von Ihnen hat das sicher auch schon erlebt. Aber das ist nicht das Wirken des Geistes Gottes, wenn ich aufgrund der Größe meiner Fehler und Sünden in eine derartige Hoffnungslosigkeit abgleite. Das sind die Geister der Verwirrung, die mich da hineintreiben. Sie lassen uns auch *unnütz* und *hilflos* erscheinen. Wie oft hört man, daß jemand sagt: „Ich tauge doch zu nichts. Ich kann nichts und bin unnütz…“

So spricht aber nicht der Geist Gottes. Gottes Geist läßt mich das entdecken, was Gott mir für die anderen gegeben hat. Wenn das nun kleine Dinge sind, dann nehme ich diese kleinen Dinge an, denn dann sind eben diese notwendig. Es ist wie ein wunderbares Haushalten Gottes mit Natursteinen: Da gibt es große Natursteine und kleine — je nachdem, welche eben gebraucht werden. Sie können nicht sagen, daß der kleine nichts taugt und daß man ihn weglassen kann. Denn dann ist ein Loch im gesamten Bau des Hauses. Oft sind es sogar die kleinen, die die großen über den Fensterbalken tragen, sodaß die Großen nur deswegen groß sein und ihre Aufgabe erfüllen können, weil kleine sie tragen, kleine und unscheinbare Steine.

Behalten Sie dieses wunderbare Bild vom Haus der Kirche im Gedächtnis!

Die Geister der Verwirrung hingegen lassen uns hilflos und unnütz erscheinen, wenn wir einmal keine außergewöhnlichen Aufgaben zu erfüllen haben.

In diesem Zusammenhang kann es ein guter Anstoß sein, daß Sie einmal alles, was an Ihnen positiv ist, auf einen Zettel schreiben, damit Ihnen aufgeht, was Sie alles an Gutem haben und können.

Die Geister der Verwirrung erzeugen *Angst* und *Furcht,* bewirken *Hilflosigkeit, Ratlosigkeit* und *Verzweiflung.* Oft werden da auch Verwundungen aus der Kindheit mißbraucht, sodaß Hilflosigkeit, Verzweiflung und Ratlosigkeit einfach übermächtig werden.

Gott aber überfordert uns nie!

8. Der Geist Gottes führt zu Jesus hin

und nie von ihm weg. Er *erweckt* echte *Demut,* den Mut zum Dienst an den Menschen, zum Dienst für Gott. Er will keine außergewöhnlichen Leistungen.

Vor allem will er *Frieden, Liebe* und *Vertrauen* geben, damit wir wirklich Kinder des Friedens, der Liebe sind. Das will der Geist Gottes in uns bewirken, und dadurch kann sich eine Gemeinschaft verändern. Durch Leistungsstreben hingegen kann sie sogar zerstört werden. Es ist wichtig, daß wir diese Werte, die der Geist Gottes in unseren Gemeinschaften, in der Ehe oder auch im persönlichen Leben des einzelnen hervorbringen will, wieder ganz tief und neu sehen. Gottes Geist führt zum Handeln aus Liebe zu Jesus. Das ist ein uraltes Wort: aus Liebe zu Jesus. Und auch das ist eigentlich ein wenig verlorengegangen.

Aber versuchen Sie dort, wo es Ihnen schwerfällt, in dieser ganz schlichten Weise zu tun, was Ihnen unangenehm ist, zu sagen: „Aus Liebe zu dir tue ich das jetzt..." Sie werden staunen, was da geschieht, und Sie werden ein Erleben von befreiender Freude erfahren.

Die *Geister der Verwirrung* dagegen *führen von Jesus weg,* auch wenn sie außergewöhnliche Bußleistungen, besondere Gebete oder andere Sonderleistungen fordern. Sie überspannen und überfordern uns so mit diesen außergewöhnlichen Leistungen, daß unser Gottesbild zusammenbricht; wir können nicht mehr verstehen, was das für ein Jesus, für ein Erlöser ist, der mich so „drangsaliert" und mir solche Bußleistungen abfordert oder solche Gebete, während ich doch vielleicht einfach nur schweigend bei Gott sein möchte... Durch solche

Übertreibungen werden wir oft direkt von Gott, von Christus weggeführt. Wir verlieren dann die Freude und bekommen ein verzerrtes Gottesbild: das Bild eines Gottes, der solche Dinge fordert.

Die Geister der Verwirrung wollen uns durch unsinnige Forderungen durcheinanderbringen. Sie verursachen Unruhe und Unfrieden (Früchte des Fleisches!). Bedenken und prüfen Sie das immer, wenn solche Dinge auf Sie zukommen — ganz gleich, auf welchem Gebiet.

9. Der Geist Gottes führt zu Vergebung und Versöhnung

Prüfen Sie, wenn Sie spüren, daß Vergebung und Versöhnung nicht zustande kommen, welcher Geist da in Ihnen mit wirksam ist. Auch bloßer „Waffenstillstand" ist keine wirkliche Vergebung oder Versöhnung, hier fehlt noch der „Schritt über die Schwelle". Gottes Geist zeigt Wege zur Befreiung aus Sünde und Schuld und führt zur Versöhnung mit Gott im Sakrament der Buße.
Es gibt manche Menschen, auch Katholiken, die nicht zum Bußsakrament finden und diese Dinge einfach so mit Gott ausmachen — obwohl sie Sündenbewußtsein haben. Ich weiß nicht, ob da wirklich Gottes Geist am Werk ist oder mehr das Fleisch, weil man sich scheut, sich in diese demütige Rolle des Bekennenden zu begeben. Das wird dann mißbraucht für ganz flaue, theologische Begründungen...
Gottes Geist führt wirklich zur Versöhnung im Bußsakrament. Er macht auch feinfühliger für die Sorgen der anderen.

Die *Geister der Verwirrung* weisen uns auf unsere Rechte hin. Überlegen Sie einmal, wie oft Sie schon vor Gott gestanden sind und gesagt haben: „Ich habe ein Recht darauf..." Vielleicht sogar auch auf die Sünden: „Ich habe ein Recht! Wenn Du mir schon diese Triebe und Anlagen gegeben hast, dann habe ich auch ein Recht, sie zu gebrauchen."

Vielleicht haben Sie das schon einmal so gesagt, vielleicht nicht so direkt, aber doch indirekt, indem Sie sich vor Gott gerechtfertigt haben: „Ich bin ja schließlich nur ein Mensch."

Das sind Dinge, die dann vom Geist der Verwirrung mißbraucht werden. Er weist uns auf unsere Rechte hin. Das geht dann hinein bis in die menschlichen Beziehungen und in die Gesellschaft und hat Zwietracht und Streit zur Folge. Diese Geister der Verwirrung führen zu *Trotzköpfigkeit* und *Starrsinn*. Wer kennt das nicht immer wieder auch in sich selbst — und wenn auch nur in geringerem Maße?

Die Geister der Verwirrung zeigen uns, daß auch wir ein Mensch sind, der einmal einen Anspruch stellen kann: auch an Gott, an andere, an die Gemeinschaft, an die Ehe usw.

Das alles klingt auch oft sehr gescheit und logisch.

Sie stellen unsere Fehler und Sünden als so schlimme Vergehen hin, daß sie nie mehr gutzumachen sind. Und es gibt Menschen, die einfach nicht glauben können, daß Gott ihnen noch einmal vergibt.

10. Der Geist Gottes führt zum Wesentlichen hin

Wenn es um das Wirken des Geistes Gottes geht, ganz gleich in welchen Bereichen, dann führt es immer auf Wesentliches hin.

Die *Geister der Verwirrung* dagegen nehmen uns die Zeit, indem wir uns mit Unwesentlichem herumschlagen. Sie nehmen uns so die Kostbarkeit der Zeit. Damit aber haben sie sehr viel gewonnen, denn mit dieser Zeit gewinnen wir nichts mehr, und in dieser Zeit können wir nichts mehr gegen sie unternehmen — denn sie ist vertan durch den Umgang mit *Unwesentlichem*.

Wir sollten deshalb sehr aufmerksam sein. Denn wie oft vergeuden wir so unsere Zeit und sind nachher auch gar nicht zufrieden. Unzufriedenheit ist nämlich die Frucht, die dieses Verhalten bringt. Es ist eine Raffinesse des Bösen, uns die Kostbarkeit der Zeit zu stehlen. Aber in der Schrift heißt es: Kauft die Zeit aus! (Vgl. Eph 5,16...)

Die Geister der Verwirrung beharren auf unwesentlichen und unwichtigen Dingen — und das bringt aber nichts für das Reich Gottes. Es ist vielmehr ein Verlust für uns, für die Menschen und auch für das Reich Gottes.

Herr, wir danken Dir, daß Du uns diesen Geist der Unterscheidung mit auf den Weg gibst, daß Du uns nicht allein läßt, nicht als Waisen zurückläßt. So schenke uns jetzt dieses feine Gespür. Nimm die Urteilsfähigkeit eines jeden einzelnen von uns ganz in Anspruch, durchdringe sie ganz mit Deinem Geist und schenke vielen von uns gerade in dieser Zeit der Verwirrung den klaren Geist der Unterscheidung. Laß uns so miteinander diesen Weg der Klarheit gehen, der Wahrheit und auch der Liebe. Darum bitten wir Dich, Christus, unseren Herrn. Amen.

Die Eucharistiefeier

Versuch einer Übersetzung vom Deutschen ins Geheimnis

„Herr, wir bitten Dich, führe uns in der Kraft Deines Geistes jetzt in dieses Geheimnis unseres Glaubens. Laß uns hinter den Worten das Geheimnis erspüren in der Kraft des Lichtes, das Du allein zu geben vermagst. Darum bitten wir Dich, Christus, unseren Herrn. Amen."

Wir wollen die Eucharistiefeier einmal miteinander als eine Brücke betrachten hin zum Geheimnis dessen, was wir feiern.

Kardinal Ratzinger sagte einmal: „Die Übersetzung vom Lateinischen ins Deutsche war nicht so schwierig. Schwieriger ist die Übersetzung vom Deutschen ins Geheimnis." Damit meinte er folgendes: Wenn die Eucharistiefeier in deutscher Sprache gefeiert wird — früher war dies ja nur in Latein —, dann versteht man ja alles. Man versteht den Wortlaut, aber man versteht oft nichts oder nur sehr wenig vom Geheimnis des Gefeierten. Jetzt geht es darum, die deutsche Sprache ins Geheimnis zu übersetzen, wobei wir fragen: Was will ein konkretes deutsches Wort, z. B. „Opfer", aussagen von dem, was sich jetzt in unserer Mitte ereignet?

Denn Eucharistie ist ja ein Geschehen und keine fromme Andacht, die wir halten. Es geht hier um ein Geschehen, ein Ereignis,, in das ich aktiv hineingenommen bin als Leib Christi, ein Geschehen, in das mich die Feier der Eucharistie, die Liturgie ein- und durchführt.

Ein Beispiel aus dem Kanon: Dort kommt das Wort „Gabe" vor. Woran denken Sie dabei? Oder das Wort

„Opfer" — woran denken Sie jetzt? Was ist damit gemeint? Dann kommt das zusammengesetzte Wort „Opfergabe" vor — was will das besagen?

Das sind doch einzelne Worte, von denen man meinen sollte, daß sie jeder versteht. Aber wissen wir auch, was vom Geheimnis, das wir feiern, mit diesen Worten wirklich ausgedrückt ist, und zwar mit Worten, die etwas ganz Wesentliches ausdrücken, etwas, was man sicher nicht in jeder Sprache so ausdrücken kann wie in der deutschen Sprache und mit diesen Worten. Um diesen Versuch geht es uns jetzt, um den Versuch, die Übersetzung von Deutschen ins Geheimnis hinein zu tun.

Dreifache Gegenwartsweise Jesu

Wir feiern in der Eucharistie eine dreifache Gegenwartsweise Jesu, von der die eine die andere vorbereitet bzw. einleitet. Deshalb gibt es in der Eucharistiefeier keine wichtigen oder unwichtigen Teile, so wie wir das früher gesagt haben: Man muß da sein zur Opferung, und nach der Kommunion konnte man gehen — und damit war das Sonntagsgebot erfüllt...

In der Eucharistie gibt es keine unwesentlichen oder wesentlichen Teile. Wenn Sie zu spät kommen und „nur" den Bußakt verpaßt haben, kann es sein, daß Sie bereits die ganze Eucharistie verpaßt haben. Denn dann kann etwas nicht geschehen sein am Anfang, was Voraussetzung ist, daß Eucharistie sich in meinem Leben wirklich auch ereignen kann. Es kann sein, daß das ganze Geschehen dann nur mehr an mir vorbeifließt, an mir selber aber nichts mehr bewirken kann.

Alles ist wichtig — vom ersten Augenblick bis zum letzten.

Jede dieser drei Gegenwartsweisen wird vom Priester mit demselben Zuruf an die Gemeinde eingeleitet. Es sind Zurufe, um die Gemeinde zu wecken und ihr zu sagen: Paß auf, da stehen wir, und das feiern wir jetzt.

Es ist der Zuruf: „Dominus vobiscum!", im Deutschen übersetzt mit einem Gruß: „Der Herr sei mit euch!"

Es hat aber mehr den Sinn einer Feststellung, wie es im Lateinischen zum Ausdruck kommt. Es ist nicht nur der Wunsch, sondern die Feststellung: „Der Herr ist mit euch".

— am Anfang: jetzt im Geheimnis seiner Kirche, seines Leibes;
— vor dem Evangelium: jetzt im Geheimnis seines Wortes;
— vor der Präfation: Jetzt wird er gegenwärtig im Geheimnis der Eucharistie.

Diese dreifache Gegenwartsweise Jesu ist auch gleichsam visuell im Altarraum bereits dargestellt, wenn er nach der neuen Liturgie gestaltet ist:

Da ist einmal der *Priestersitz* — als Ausdruck der Gegenwart Jesu im Geheimnis seines mystischen Leibes.

Das II. Vatikanische Konzil sagt, daß der Priester durch seine Priesterweihe auf eine neue Weise eins wird mit Christus: auf eine neue Weise! — Wir sind durch die Taufe eins mit dem Leib Christi. Durch die Priesterweihe wird der Priester eins mit Christus, dem Haupt, so daß der ganze Christus, Haupt und Leib, sichtbar gegenwärtig ist, wenn Priester und Volk Gottes zusammen sind. Deshalb ist der Priestersitz der Ausdruck der Gegenwart Jesu in seinem Leib. Denn da, wo das Haupt ist, ist auch der Leib. Der Priester ist ja nicht getrennt von der Gemeinde, sondern er ist mit der Gemeinde eins.

Der *Ambo* ist der Ausdruck der Gegenwart Jesu in seinem Wort.

Der *Altar* ist der Ausdruck der Gegenwart Jesu in der Eucharistie: Christus als Opferpriester und Opferlamm zugleich.

Wir wollen nun gemeinsam diese Liturgie durchgehen. Vielleicht haben Sie den Eindruck, daß Eucharistie eine Zusammensetzung von verschiedenen Riten und Gebeten ist, die einfach aufeinanderfolgen, weil es immer schon so war. Aber das ist nicht so, sondern das eine baut auf dem anderen auf.

Versuchen Sie einmal alle Riten, Gesten, Zeichen und Worte als Kommentar zu sehen, nicht einfach als Gebete, als Lobgebete, Dank- oder Bittgebete. Das ist die äußere Form. Denn im letzten ist das alles ein gebeteter Kommentar für das, was sich jetzt ereignet.

So möchte ich versuchen, es Ihnen einmal zu erklären und so vom Deutschen und vom bloßen Geschehen ins Geheimnis zu übersetzen.

Nehmen wir eine feierliche Eucharistiefeier als Vorbild: Das Feierliche, das wir bei Bischofs- oder Papstmessen erleben, hat nichts zu tun mit vielem Pomp. Es ist eine Entfaltung in Zeichen, Worten und Bildern, um ans Geheimnis zu rühren. Wir haben heute eine solche Vielfalt von Meditationen: Wortmeditationen, Bildmeditationen. Und genau das ist ein feierliche Liturgie auch: eine Sammlung von Bild- und Wortmeditationen.

1. Gegenwart Christi in seinem mystischen Leib

Am Anfang steht der *feierliche Einzug* — Ausdruck des durch diese Zeit pilgernden Gottesvolkes. Am Palmsonntag geschieht das in der ganzen Fülle, wo sich der Priester und die Gemeinde, also Haupt und Leib, außerhalb des Kirchenraumes sammeln und dann miteinander einziehen.

Der Kirchenraum hat ja seinen Namen von uns, die wir „Kirche" sind. So zieht gleichsam der ganze Christus in diesen Raum ein: Er ist unterwegs in uns, in diesem pilgernden Volk.

Das wird verkürzt dargestellt im normalen Einzug des Priesters mit seiner Assistenz (Ministranten, Lektoren...). Christus will jetzt in uns, seinem Leib, gegenwärtig werden.

Bei einem solchen Einzug zieht das *Zeichen des Kreuzes* voraus. (Bei einem normalen Gottesdienst ist das Kreuz schon auf dem Altar.) Das erinnert an eine Stelle der Heiligen Schrift: Wenn das Zeichen des Menschensohnes am Himmel erscheint, dann wird die Erde wehe klagen und in Bangen sein vor all dem, was da jetzt über den ganzen Erdkreis kommen wird (vgl. Mt 24,30) Das Kreuz ist das Zeichen des wiederkommenden Herrn.

Wenn ich als Mitfeiernder das Zeichen des Kreuzes beim Einzug oder zu Beginn vorne am Altar sehe, dann wird mir bewußt, daß hier Christus gegenwärtig wird, dem einmal die ganze Welt zu Füßen liegt. Und es ist derselbe Christus, der am Ende der Zeiten kommen wird mit Macht und Herrlichkeit.

Schon bei diesem schlichten Zeichen sollten wir überlegen: Wie gehen wir damit um, wenn die Gemeinde sich sammelt und Christus gegenwärtig werden will? Wie gehe ich um mit diesem Christus, der in uns gegenwärtig werden will? Habe ich in mir die Ehrfurcht, das Erschüttert-Werden vor diesem gewaltigen Gott in uns und unter uns im Gedanken daran, wie es am Ende sein wird, wenn das Zeichen des Menschensohnes am Himmel erscheint? Merken Sie da den Widerspruch in unserem Herzen?

Jeder, der ans Weltgericht denkt oder an seinen eigenen Tod, an die wirkliche Offenbarung des lebendigen Gottes, der kommt trotz seines Glaubens an die Barmherzigkeit Gottes ins Erschauern. Aber wer von uns erschauert vor der Größe unseres Gottes, wenn der Gottesdienst beginnt, wenn derselbe Christus unter uns ganz konkret gegenwärtig wird?

Sind wir statt dessen nicht allzu oft zerstreut und denken an ganz andere Dinge?

Es ist wichtig, daß wir, von diesen Zeichen ausgehen, einmal darauf schauen, wie wir mit diesem Christus eigentlich umgehen.

Habe ich überhaupt den Glauben an diese Gegenwart Christi; den Glauben, daß das jetzt genau derselbe Herr ist, der kommen wird, und dem ich jetzt alles sagen kann? Das ist das Zeichen des Kreuzes.

Dann folgt der *Diakon mit dem Evangelienbuch.*
Wiederum, gleichsam wie in einer Bildbetrachtung, wird damit ausgedrückt: Dieser am Ende kommende und jetzt unter uns weilende Christus schweigt nicht, er ist nicht einfach nur da, sondern er hat für mich eine ganz persönliche Botschaft, einen ganz persönlichen Brief: Lesung und Evangelium. Ein Wort Gottes, das mich heute angeht,

das in meine heutige Situation hineinspricht. So kann mich bereits am Anfang dieses Evangelienbuch, wenn es hereingetragen wird, ganz gespannt machen auf das hin, was ich in mir als Frage oder Nöte habe: „Herr, was wirst Du mir da heute sagen — mir ganz persönlich?" Dann werde ich ganz anders hören, wenn die Lesung beginnt und wenn das Evangelium verkündet wird. Denn es ist seine persönliche Botschaft an mich, die Botschaft dessen, der am Ende mit Macht und Herrlichkeit kommen wird.

Darauf folgt der *Priester.*
Das Vatikanum II. sagt: Der Priester handelt "in persona Christi". Er handelt also nicht stellvertretend oder neben der Person Christi — sondern in der Person Christi. Christus handelt in ihm. Damit ist für mich als Mitfeiernder das Erscheinen des Priesters und seine Gestalt das Zeichen dafür, daß dieser Christus, der jetzt unter uns gegenwärtig wird, auch als der handelnde Christus unter uns ist — denn er handelt im Priester. Er setzt sein ganzes Lebensgeheimnis gegenwärtig — vom Beginn seiner Menschwerdung bis zur Wiederkunft. Das ganze Lebensgeheimnis Christi wird in der Eucharistie Gegenwart — und er will mich daran teilnehmen lassen. Darum sagt Augustinus: „Nos ibi eramus" — „Wir waren dort", wir haben nichts versäumt. Denn in der Eucharistiefeier wird alles gegenwärtig: Betlehem, Nazaret, Golgota, Auferstehung, Himmelfahrt, Geistsendung, Wiederkunft. „Wir waren dabei." Wir haben nichts verpaßt, denn all das wird in der Feier der Heiligen Messe reale Gegenwart und bleibt nicht bloß symbol. Denn Christus wird gegenwärtig mit dieser Gesinnung. Das wird auch im Kanon sehr deutlich ausgedrückt.

Es folgen dann *zwei Symbole,* die mitgetragen werden: *zwei Kerzen,* Symbol des Lichtes, und das Symbol des *Weihrauchs.*

Diese beiden Symbole tauchen wieder auf bei jeder konkreten Gegenwartsweise Jesu: beim Evangelium und bei der Wandlung.

Kerze — Symbol des Lichtes. Bringt nicht jeder, der zur Feier der Heiligen Messe kommt, nicht auch irgendeine Form der Dunkelheit mit? Vielleicht ist es eine innere Not, ein Unverstandensein, eine Glaubensschwierigkeit, vielleicht ein Nicht-mehr-beten-Können... Es ist ja immer wieder etwas in uns, was wir noch nicht verstehen.

Das Kerzenlicht zeigt mir: Dieser Christus unter uns ist Licht und will mir heute ein Stück Licht geben, vielleicht durch ein Wort eines Bruders oder einer Schwester, wenn man den Gottesdienst so feiert, daß jeder auch etwas beiträgt. Oder aber im Wort Gottes, in der Lesung oder im Evangelium, oder in der Eucharistie, daß mir plötzlich etwas aufgeht, wenn ich ihn in mir trage, daß sich plötzlich etwas zu lösen beginnt.

Wenn ich die Kerzen sehe, soll mir sogleich bewußt werden: Licht, du bist Licht! Ich halte ihm dabei meine ganze Dunkelheit hin und höre, wo er etwas Licht hineingibt.

Das Symbol des Weihrauchs ist ein unübertreffliches Symbol, wenn es auch etwas an den Rand gestellt wurde: Weihrauch verzehrt sich selbst, steigt als Wohlgeruch auf und verströmt sich einfach. Das ist das Symbol der Anbetung, das Symbol unserer Hingabe, die sich ja in der Anbetung äußert. Lobpreis, Anbetung — das ist die betende Fortsetzung meiner Hingabe, wobei ich sage: „Gott, ich habe nichts an dir auszusetzen, Du bist alles, ich bin nichts."

Dafür ist Weihrauch ein Symbol und wird überall dort

benutzt, wo Christus gegenwärtig ist. Er ist also Zeichen der Gegenwart Gottes unter uns und das Zeichen meiner Anbetung, meiner Hingabe an diesen gegenwärtigen Gott. Weihrauch sollte für uns wirklich das Zeichen der Gegenwart des Herrn sein. Werden wir uns schon am Beginn bewußt, wenn der Altar inzensiert wird und der Weihrauch aufsteigt: Bete ich den Herrn in meinen Brüdern und Schwestern, in seinem Leib, in seinem mystischen Leib, wirklich an? Ist er für mich so real? Bete ich ihn an im Wort, wenn es verkündet wird? In der Eucharistie selbst sind wir es vielleicht eher gewohnt, ihn anzubeten.

Der Priester beginnt dann mit einem Zeichen, das oft von der Gemeinde überhaupt wahrgenommen wird, obwohl es keine Privatsache ist: dem *Altarkuß*.
Der Priester nimmt ja teil am Haupt-Sein Christi und die Gemeinde am Leib. Mit dem Priester zusammen sind wir der ganze, sichtbare Leib, und wir zusammen küssen mit ihm Christus. Denn der Altar ist Symbol für Christus. Er ist ja vom Bischof gesalbt, ist also ein Gesalbter — ein Christos. Christus war ja am Kreuz Altar, Priester und Opferlamm zugleich.
Der Priester küßt hier also nicht eine Sache, einen Stein oder ähnliches, sondern er küßt hier eine Person: Der Kuß gilt Christus. Und das soll der Ausdruck der ganzen Gemeinde sein! Kuß aber ist etwas ganz Persönliches, ist das persönlichste in der Begegnung zweier Menschen — und man küßt nicht jeden.
Hier kommt zum Ausdruck, daß diese Begegnung mit Christus, die Gegenwart Jesu im Geheimnis seiner Kirche so persönlich ist, wie es sich in einem Kuß zwischen zwei Personen ausdrückt.

Vielleicht können wir da bereits zu überlegen beginnen: War das heute für mich, der ich im Priester in diesem Kuß diesen Christus begrüße, wirklich ein Freundeskuß oder ein Judaskuß?

Merken Sie, wie so — tiefer gesehen — diese Zeichen plötzlich aufstrahlen und leuchtend werden?

Der Priester beginnt danach mit dem *Kreuzzeichen.*

Das Kreuzzeichen ist eine Kurzform der Tauferneuerung. Wir sind ja getauft im dreifaltigen Gott. An Feiertagen und Sonntagen kann statt des Bußakts eine Tauferneuerungsfeier stattfinden, die hinten im Meßbuch steht. Hier segnet der Priester das Weihwasser der Gemeinde und besprengt die Gemeinde damit — mit Gebeten der Tauferneuerung. Erneuerung der Taufgnade heißt aber zugleich auch Buße: daher der Aufruf, die Sünden zu bereuen, die die Taufgnade behindern.

Gewöhnlicherweise aber ist das Kreuzzeichen zu Beginn des Gottesdienstes die Kurzform dieser Tauferneuerung. Aber prüfen Sie einmal Ihr Inneres: Denken Sie da wirklich an die Erneuerung der Taufe?

Es gibt aber keine Eucharistiefeier ohne erneuerte Taufgnade.

Im Alten Testament ist das wiederum sehr schön symbolhaft gezeichnet: Zuerst war der Durchzug durch das Rote Meer. Erst dann kamen sie an den Berg Horeb, wo das Wort Gottes hörbar wurde und verkündet wurde. Dann kamen sie in die Wüste, wo es Manna geregnet hat — das Symbol für die Eucharistie. Voraus ging der Durchgang durch das Rote Meer: das Symbol der Taufe, das Reingewaschen-Werden, wobei die Feinde untergehen. Darum ist die Tauferneuerung, die Reinigung der Taufgnade eine Grundvoraussetzung; es ist Reinigung des allgemeinen

Priestertums, das jetzt gebraucht wird in der Eucharistie. Es ist deshalb wichtig, daß das ganz bewußt vollzogen wird, daß wir uns dieser großen Stunde der Taufe bewußt werden. Denn die Taufe ist der größte Tag im Leben eines jeden Menschen. Es ist der Tag, an dem ich „Leib Christi" wurde, wobei ich am Wesen Gottes Anteil bekommen habe. Eine größere Stunde kann es nicht mehr geben. Und das gilt es hier zu erneuern, um dann das ganze Geheimnis Jesu aufnehmen zu können, um wirklich auch ganz hineingenommen werden zu können.

Wenn Christus also unter uns gegenwärtig werden soll, dann ist es notwendig, daß diese Taufgnade neu durchbrechen darf, d. h. daß das, was diese Taufgnade behindert, beseitigt werden muß. Das Kreuzzeichen erinnert an die Taufe. Und notwendigerweise muß sich daran etwas anschließen: nämlich die Überlegung, was die Taufgnade in mir hindert. Deshalb sagt der Priester zur Gemeinde: „Der Herr ist mit euch!" — Der Herr will jetzt unter euch sein im Geheimnis seines Leibes.

Die Gemeinde antwortet: „Und mit deinem Geiste."

Der Priester macht also die Gemeinde aufmerksam auf ihr allgemeines Priestertum, auf diese Taufgnade: Der Herr will unter euch sein. —

Die Voraussetzung ist aber, daß die Taufgnade wirklich wieder aufbrechen darf, daß Hindernisse beseitigt werden.

Die Gemeinde wiederum erinnert den Priester an seine Priesterweihe: und mit deinem Geiste — den du in deiner Priesterweihe empfangen hast.

Mit der Kraft seines Geistes will er in uns und unter uns gegenwärtig sein. Es ist ein gegenseitiges Sich-aufmerksam-Machen, wobei der Priester die Gnade seines besonderen Priestertums erneuert und das beseitigt, was diese

Gnade behindert. Die Gemeinde wiederum wird aufgerufen, daß sie ihr allgemeines Priestertum erneuert, nämlich die Taufgnade, und alles beseitigt, was dieses allgemeine Priestertum behindert.

Und bei beiden ist das, was behindert, jeweils die Sünde. Deshalb muß jetzt, nach diesem Bewußtwerden der Taufe, nach diesem gegenseitigen Zusprechen: „Erneuere dein allgemeines Priestertum und erneuere du dein besonderes Priestertum", eine Zeit wird kommen, in der ein jeder überlegt: Was ist bei mir hinderlich? Es muß also notwendigerweise der

Bußakt folgen, eine Zeit der Besinnung.

Manchmal wird dafür überhaupt keine Pause gelassen, sondern es schließt sich sofort ein Bekenntnis an. Aber man muß doch fragen, ob wirklich auch alle wissen, was sie jetzt bekennen — vor allem, wenn dieser Teil, wie es ja oft der Fall ist, recht schnell vor sich geht. Ist das nicht ein reiner Formalismus? Ist das wirklich Bereinigung dessen, was diese Gnaden behindert, die jetzt gebraucht werden?

Darum ist hier eine kurze Stille nötig, in der jeder, Priester wie Volk Gottes, sich überlegt, welche Sünde zwischen ihm und Gott steht, was den größeren Einbruch der Gnade jetzt behindert.

Dann folgt das Bekenntnis voreinander und vor Gott. Denn jede Sünde ist sozial und schadet dem ganzen Leib. Wenn einer sich freut, freuen sich alle. Wenn einer Leid trägt, tragen alle daran, und die Sünde ist das eigentliche Leid.

So kann dieses Confiteor ein Raster sein, um einmal kurz zu überlegen, was in meinem Leben nicht in Ordnung ist. Es heißt da zuerst:

„Ich bekenne ..., daß ich Gutes unterlassen ... habe ...“ Das steht an erster Stelle. Die Unterlassungen des Guten sind also die schlimmsten Sünden.

Schauen wir einmal in die Heilige Schrift. Wenn Jesus von Sünden spricht, geht es, gerade wenn es um das Wesentliche geht, immer um Unterlassung des Guten. Vgl dazu Mt 25, Weltgericht. Hier steht nichts von einer bösen Tat, sondern es werden nur Unterlassungen des Guten angeführt: dem Hungrigen nichts gegeben, dem Durstigen nichts zu trinken gegeben. „Weichet von mir — ins ewige Feuer!“ Oder die Stelle mit dem Priester und Leviten, die am Überfallenen vorübergehen. Sie unterlassen nur den Liebesdienst, tun nichts Böses (Beispiel vom barmherzigen Samariter: Lk 10,25-37).

Oder Lk 16,19, Beispiel vom reichen Mann und vom armen Lazarus. Der reiche Prasser tut nichts Böses, er übersieht nur den armen Lazarus, unterläßt nur das Gute. Was geschieht an Unheil oder an Nicht-Heil, wenn ich vieles unterlasse? Werden wir uns dessen bewußt, wieviel Gutes wir unterlassen!

Das bekenne ich vor euch allen, denn dadurch hattet ihr weniger Heil. Christus konnte durch mich nicht so viel tun, wie er wollte, weil ich auf diese Impulse, Gutes zu tun, nicht einging.

Im Bekenntnis folgt dann weiter: „...und daß ich Böses getan habe.“ Hier kommt zuerst: „Ich habe gesündigt in Gedanken...“

Wer aber gibt sich schon Rechenschaft über seine Gedanken, diesen Brutherd der Worte und der Taten? Die Wurzeln für Wort- und Tatsünden liegen ja in diesen Sünden der Gedanken.

Prüfen Sie einmal Ihre Gedanken vom Morgen bis zum Abend! Was denken Sie, wenn Sie einem Menschen begegnen? Sind Sie da immer ganz in der Liebe und beten Sie für ihn: „Herr, segne ihn mehr als mich!"?

Wann geben Sie sich Rechenschaft über all diese Gedanken? Wahrscheinlich werden Sie, wenn Sie beginnen, das zu tun, ziemlich erschrecken, was da in ihnen alles vor sich geht. Aber wir beten das im Confiteor schon vom Kindesalter an, ohne viel dabei zu denken.

Erst nach diesem Bekenntnis der Gedankensünden kommen die Wort- und Tatsünden, die nur noch die Früchte der ersteren sind.

Wenn uns all das wieder richtig bewußt wird, verstehen wir auch, wie berechtigt das Schlagen an die Brust ist, wenn wir das im Bekenntnis aussprechen.

Der Priester spricht dann in der Vollmacht seines Priestertums die Bitte an Gott aus, uns diese Schuld zu vergeben, damit wir wirklich in der Kraft unseres besonderen und allgemeinen Priestertums jetzt Christus zur Verfügung stehen, damit er unter uns handeln und in uns, seinem Leib, gegenwärtig sein kann in seiner ganzen Fülle. Er kann es nur, wenn alle Embolien beseitigt sind. Auch im mystischen Leib gibt es Embolien.

Wenn nur einer sagt: „Den dort hinten nehme ich nicht an, dann ist bereits Beziehung zwischen Gliedern gebrochen, und der Strom der Gnade, des Blutes, fließt nicht mehr durch den ganzen Leib. Eine Embolie in einem Glied kann den Tod des ganzen Leibes bedeuten.

Wenn der Leib nun wirklich gereinigt ist, reingewaschen im Blut des Lammes, und Christus in uns gegenwärtig ist, dann ist es Zeit, Christus in unserer Mitte zu begrüßen. Es muß also jetzt ein Lobpreis auf diesen in uns gegenwärtigen Herrn kommen.

Das geschieht im *Kyrie,* das an Sonn- und Feiertagen weitergeführt wird im Gloria.

Die Kyrie-Rufe sind keine „Erbarmedich"-Rufe. Man kann es zwar nach dem Meßbuch auch so nennen, aber der tiefere Sinn dieses Kyrie-Rufes liegt in einem Jubelruf.

Es war der Zuruf des Volkes an den Kaiser, wenn er nach einem Sieg in Rom einzog und seine Siegestrophäen mitbrachte. Das Volk jubelte dann ihrem „Kyrios" zu, dem göttlichen Kaiser, dem göttlichen Herrn. Deshalb haben die Christen dieses Wort auf Christus übertragen, den erhöhten Herrn, den eigentlichen König, der durch den Vater erhöht ist: „Du allein bist der Kyrios." „Kyrie eleison" ist also ein Jubelruf: „Herr, erbarme dich unser! Sei uns gnädig! Sei uns gut!"

Deshalb finden wir im Gotteslob Kyrie-Litaneien. Das sind keine „Erbarmedich"-Rufe im Sinn von Bußrufen, sondern es sind Jubelrufe. Es wird immer eine Großtat Gottes angesprochen: „Herr, du hast uns unsere Schuld vergeben!" — „Herr, erbarme dich!"

„Du wirst wiederkommen in Herrlichkeit." — „Herr, erbarme dich!"

„Du bist der unendlich barmherzige Gott." — „Herr, erbarme dich!"

Es werden hier lauter Großtaten Gottes verkündet. Die ganze Kyrie-Litanei geht an Christus. Es geht jetzt um ihn: Er wird gegenwärtig in uns, seinem Leib: „Kyrie eleison — Christe eleison — Kyrie eleison." Es ist hier immer Christus gemeint.

Manchmal kann man erleben, daß die Kyrie-Litanei an den Vater, an den Sohn und an den Heiligen Geist gerichtet wird. Aber das ist nicht richtig. Es geht hier um Christus, der als der „Kyrios", als der „Christos", gegrüßt wird — es geht um Christus in uns.

Oft folgt ja kein Gloria, so daß die Kyrie-Rufe den Lobpreis und die Begrüßung des Herrn in uns, seiner
Gemeinde, ersetzen müssen.

Es wäre Erneuerung der Liturgie, daß wir das, was wir feiern, wirklich auch mit Überzeugung feiern. Daß man hier
im Kyrie wirklich auch spürt, daß die Gemeinde jetzt den
Herrn freudig begrüßt, weil sie überzeugt ist, daß er jetzt
unter uns gegenwärtig ist, denn wir haben uns versöhnt.
Der Kyrie-Ruf ist eigentlich der Hosanna-Ruf des Palm-
sonntags für den in seine Stadt Jerusalem einziehenden
König.

Das *Gloria* ist dann eine Fortsetzung, ein Lobpreis auf
den auferstandenen, erhöhten Herrn. Es ist ein Osterlied:
„Du allein bist der Heilige. Du allein der Herr, du allein der
Höchste, Jesus Christus..."
Oft aber fällt die Begrüßung des Herrn unter uns aus,
wenn man das Kyrie als „Erbarme dich"-Ruf nimmt.
Aber wenn wir das wirklich mitvollziehen, dann muß der
Herr jetzt an dieser Stelle begrüßt werden. Man begrüßt
jeden, der hereinkommt, warum dann ihn nicht? Warum
jubelt man dann nicht über seine Gegenwart?

Anschließend folgt das *Tagesgebet*. Das ist der erste
Höhepunkt in der Feier der Heiligen Messe. Nun wird
zum ersten Mal der Vater angesprochen. Bis jetzt ging es
um Christus. Jetzt ist Christus in uns, und er betet jetzt in
uns zum Vater. Er bringt ja nachher in der Eucharistie dem
Vater das große Dankgebet dar: sich selbst, als Dank.
Das Tagesgebet ist ein Priestergebet. Der Priester lädt die
anwesende Gemeinde ein, zusammen mit Christus zum
Vater zu beten. Im Sammelgebet, das der Priester spricht,
bringt Christus die persönlichen Anliegen der einzelnen

116

als seine Anliegen zum Vater. Deshalb soll nach der Einladung des Priesters: „Lasset uns beten" eine Pause eingehalten werden, in der ich meine ganz persönlichen Anliegen bringen kann. Das ist der Ort meiner persönlichen Anliegen.

Aber wer macht das wirklich? Wem bedeutet es etwas, daß Christus selber jetzt meine Anliegen zu den seinen macht und den Vater darin bittet?

Das Tagesgebet ist ein Modell christlichen Betens:
Der erste Satz ist immer Lobpreis, eine Verkündigung einer Großtat Gottes. Hier ist das ganze Geheimnis der Tagesliturgie zusammengefaßt. Das ist die „Praedicatio". Dann folgt die Bitte, die „Precatio", die wir an Gott richten. Der Abschluß ist die „Interpellatio": wir bitten durch Jesus Christus, d. h., er bittet selbst in uns, seiner Kirche.

Nehmen wir z. B. das Tagesgebet vom Dreifaltigkeits-Sonntag:

„Herr, himmlischer Vater,..." Das Tagesgebet ist an den Vater gerichtet. Er wird hier zum ersten Mal angesprochen durch Jesus in uns. Es folgt danach die Verkündigung der Großtat Gottes, der Lobpreis:

„Du hast dein Wort und deinen Geist in die Welt gesandt, um das Geheimnis des göttlichen Lebens zu offenbaren."

Dann folgt die Bitte: „Gib, daß wir im wahren Glauben die Größe der göttlichen Dreifaltigkeit bekennen und die Einheit der drei Personen in ihrem machtvollen Wirken verehren."

Darauf folgt die Interpellatio: „Darum bitten wir durch Jesus Christus, deinen Sohn, unseren Herrn und Gott, der in der Einheit des Heiligen Geistes mit dir lebt und herrscht in Ewigkeit."

Oder nehmen wir das Tagesgebet vom 14. Sonntag im Jahreskreis:

„Barmherziger Gott," — es geht an den Vater — „durch die Erniedrigung deines Sohnes hast du die gefallene Menschheit wieder aufgerichtet und aus der Knechtschaft der Sünde befreit." — Das ist das Geheimnis dieses Sonntags, das in der Lesung auch zu finden ist; aufgrund dieser Großtat Gottes folgt nun die Bitte des Volkes: „Erfülle uns mit Freude über die Erlösung und führe uns zur ewigen Seligkeit. Darum bitten wir durch Jesus Christus..." — Es ist Christus, der in uns bittet.

Diesen Gebetsaufbau finden Sie an allen Tagen. An Heiligenfesten wird in der ersten Zeile immer das Geheimnis dargelegt, das in diesem bestimmten Heiligen offenbar wird, das, was Gott in ihm gewirkt hat. Da merken wir, daß Heiligenfeste und Marienfeste ein einziger Lobpreis Gottes sind:

„Gott, Du hast in Maria...gewirkt."

„Du hast in diesem Heiligen dies oder jenes gewirkt — deshalb bitten wir Dich..."

Du hast es gewirkt. Es ist eine Offenbarung deiner Größe. Und das ist der Lobpreis, der Lobpreis auf die Gnade, die in bestimmten Menschen sichtbar geworden ist.

Mit dem Lobpreis das Gebet zu beginnen, das ist Modell christlichen Betens, das uns im Tagesgebet gezeigt wird. Und wir, beginnen wir nicht meistens mit Bitten?

Aber christliches Beten beginnt mit Lobpreis, mit der Verkündigung der Großtat Gottes. Dann schließt erst die Bitte an: Deshalb, weil du das getan hast, wagen wir dich auch darum zu bitten. Und wir bitten dich durch Jesus Christus, unseren einzigen Mittler.

Im Schott ist dieses Tagesgebet so aufgegliedert, daß in

jeder Zeile ein Gedanke steht. Für den, der es vorbetet, ist es wichtig, daß er wirklich jede Zeile für sich betet und immer wieder eine Pause dazwischen macht, damit der Gedanke auch wirklich zur Geltung kommt. Es ist auch für die persönliche Betrachtung eine große Hilfe, darauf zu achten. Dasselbe gilt auch für die Kanontexte.

2. Gegenwart Christi in seinem Wort

Wenn Christus nun so in uns gegenwärtig sein darf und wir uns bereitet haben, dann ist unser Herz auf ihn hin offen. Jetzt können wir auch auf sein Wort hören, auf seine Gegenwart im Wort.

In *Lesung* und *Evangelium* kommen wir zu dieser zweiten Gegenwartsweise Jesu. Lesung und Evangelium sind beide gleichermaßen Wort Gottes, obwohl sich die Liturgie mehr um das Evangelium rankt. Der Grund dafür ist, daß das Evangelium das Wort Jesu selbst ist. Aber auch bei der *Lesung* ist ein kleiner Ritus, der sehr tief ist, wenn man ihn kennt und ihn auch vollzieht.

Es heißt in der Anweisung, daß der Lektor das Lektorenbuch öffnen soll, bevor er beginnt zu lesen: Das Buch soll geschlossen daliegen. Der Lektor soll es dann öffnen, als ein einfaches Symbol, das an die Apokalypse erinnert, in der es im 5. Kapitel um das Buch geht, das mit sieben Siegeln versiegelt war. Es herrschte große Trauer im Himmel, weil niemand gewürdigt war, dieses Buch zu öffnen. Plötzlich aber bricht ein Jubel auf, denn das geschlachtete Lamm war würdig, das Buch zu öffnen.

Das Buch mit den sieben Siegeln — das ist das Buch, in dem uns all das offenbart wird, was von ewigen Zeiten her in Gott verborgen war, was jetzt in der Fülle der Zeit seiner Kirche offenbar wird — und über die Kirche auch den Engeln. Das Lamm allein war würdig, es zu öffnen. Nun ist aber jeder Getaufte hineingestorben in den Tod Jesu, in den Tod des Lammes und nimmt so teil an der Vollmacht des Lammes. So hat jeder Getaufte das Recht, dieses Buch mit den sieben Siegeln zu öffnen. Er kann diese ewigen Geheimnisse Gottes verkünden.

Wenn man das weiß und der Lektor wirklich in diesem Gedanken das Buch öffnet, dann wird das auch in einer tiefen Ehrfurcht geschehen. Es wird auch diejenigen, die dieser Feier beiwohnen und ebenso um dieses Geheimnis wissen, aufschließen, und sie werden hören. Es wird ihnen ja nicht etwas Bekanntes gesagt, sondern etwas, was ich als Mensch nie wissen kann: etwas ewig in Gott Verborgenes.

Die Anweisung an den Lektor heißt nun weiter, er soll die Lesung mit der Ehrfurcht lesen, mit der ein Kommunionhelfer den Leib Christi austeilt, im Bewußtsein, daß Christus selbst in diesem Wort anwesend ist und er im Wort der Gemeinde Christus austeilt. Der Mithörende wird dann bereits von dieser Haltung des Lektors hingeführt zu diesem Wort, das jetzt verkündet wird. Wichtig ist auch, daß er es gut liest, daß es wirklich verständlich ist, daß er es richtig betont, damit die entsprechende Aussage auch in das Herz der Menschen eindringen kann.

Das sind die Anweisungen von der Liturgie.

Wie oft aber haben Lektoren keinen Zugang zu diesem Geheimnis, sie wissen nicht, wie sie draußen stehen sollen, und haben Scheu davor, so etwas „Frommes" vorlesen zu müssen...

Aber das ist zu schade, und es gilt, all diese verborgenen Schätze in der Liturgie wahrzunehmen, damit wir immer mehr ins Geheimnis hineinwachsen!

Schon diese kleinen Anweisungen können der Gemeinde sehr viel helfen, das Wort wirklich als Offenbarung in sich einzulassen, das Wort, in dem Christus selbst gegenwärtig ist.

Im Anschluß an die Lesung folgt das sogenannte „*Graduale*", *der Zwischengesang.* Hier kann man oft erleben, daß z. B. irgendein „Wald- und Wiesenlied" erklingt, damit die Leute wieder etwas zu tun haben und aufwachen, ganz gleich, ob es mit der Lesung etwas zu tun hat oder nicht. Aber das hat keinen Sinn!
Der Sinn des Zwischengesanges ist, den Kern der Lesung jetzt meditativ zu vertiefen. Bei der Erneuerung der Liturgie hat man sich die Mühe gemacht, wirklich Worte Gottes zusammenzusuchen, Worte Gottes aus den Psalmen, die den Kern der Lesung umschreiben und betend, singend vertiefen. Beachten Sie einmal diese Zwischengesänge ganz bewußt auf die Lesung hin! Manchmal kann im Psalm ein bestimmter Gedanke der Lesung noch viel deutlicher werden als in der Lesung selbst. Besonders auch im Kehrvers wird der Kerngedanke aus der Lesung angesprochen. Es gibt sicher auch Lieder, die einmal den Gedanken einer Lesung aufnehmen und weiterführen. Aber diese muß man auch entsprechend auswählen. Man kann da nicht jedes Lied nehmen.

Darauf folgt das *Halleluja* " mit einem Kurzvers im Sinn des Wortes Gottes. Es ist eine Begrüßung der Gemeinde an Christus, der jetzt in seinem Wort zu uns sprechen will. Eingerahmt ist dieser Kurzvers jeweils von einem „Halleluja"-Ruf. Zu diesem Ruf steht die Gemeinde auf, denn es ist der Osterjubel auf den Herrn, der in seinem Wort lebt.

Vor dem *Evangelium* betet der Priester noch einmal eine Art Bußgebet. Vor dem Beginn der Gegenwart Jesu in der Eucharistie folgt noch einmal ein solches Bußgebet — das „Lavabo..."

Vor jeder Gegenwartsweise Jesu steht also ein Bußgebet. Es ist eine Reinigung der Sinne, die jetzt für diese konkrete Gegenwartsweise Jesu gebraucht werden. Am Anfang geht es um die Reinigung des ganzen Leibes.

Vor dem Evangelium heißt es: „Reinige mein Herz" Denn mit dem Herzen hört man. „Reinige meine Lippen, daß ich deine Botschaft verkünde." Denn mit dem Wort spreche ich sie.

Beim „Lavabo", der Händewaschung vor der Eucharistiefeier, betet der Priester: „Herr, wasche ab meine Schuld, von meinen Sünden reinige mich." Der Priester ist jetzt der Handelnde — darum die Händewaschung.

Diese schlichten Bußformen drücken aus, daß wir eigentlich bei jeder neuen Gegenwartsweise Jesu unwürdig sind, daß wir uns immer wieder hineinführen lassen sollen in die Ehrfurcht vor dieser jetzt auf uns zukommenden Gegenwart Jesu. Es soll uns immer wieder zur Ehrfurcht führen.

Wir spüren hier, wie die Liturgie eigentlich ein Kommentar ist. Es ist nicht eine fromme Andacht, sondern ich bin ständig gefordert, mitzugehen, ich muß mich dauernd mitnehmen lassen. Die Gebete sind wie ein Kommentar, der mir sagt, was jetzt geschieht, was ich jetzt zu tun habe, wie ich mich verhalten und öffnen soll.

Beim Verkünden des *Evangeliums* werden beim feierlichen Gottesdienst die Kerzen, Symbole des Lichtes, und Weihrauch, Anbetung des Herrn im Wort, mitgetragen. Am Schluß des Evangeliums küßt der Priester das Evangelienbuch. Es wird hier nicht bloß ein Ding geküßt, sondern es ist wiederum ein ganz persönlicher Ausdruck der Begegnung mit Christus in seinem Wort.

Für die *Predigt* heißt die Anweisung an die Priester im Priesterdekret des II. Vatikanischen Konzils: Die Priester sollen nicht ihre eigenen Gedanken vortragen, sondern allein Gottes Wort. Das heißt nichts anderes, als daß sie um die Gabe der Lehre und des prophetischen Wortes bitten sollen: „Herr, was brauchen die Menschen? Wie sieht es aus in ihrem Leben? Was soll ich jetzt sagen?" Das müßten sie bereits in der Vorbereitung der Predigt tun.

Am Sonntag folgt nach dem Evangelium das *Glaubensbekenntnis*. Bei der Erneuerung der Liturgie hat man überlegt, ob man das Glaubensbekenntnis mit dem Kreuzzeichen am Anfang zusammenbringen sollte, weil ja das Glaubensbekenntnis bei der Taufe gebetet wird. Man hat es aber an dieser Stelle stehengelassen, um noch einmal den Bogen zu schlagen vom Kreuzzeichen zu Beginn der Eucharistie bis hierher, als Zeichen dafür, daß das Tor der Taufe die Grundvoraussetzung zur Eucharistie ist. Die Taufbewerber mußten früher an dieser Stelle hinausgehen. Wer noch nicht getauft war, durfte hier nicht mehr weiter mitfeiern.
Es soll uns also beim Beten des Glaubensbekenntnisses um ein ganz bewußtes Bekennen unseres Glaubens an den Dreifaltigen Gott gehen. Wir sollten uns an dieser Stelle auch unserer Taufe noch einmal ganz bewußt werden und an den Durchzug durch das Rote Meer denken, um dann in der Wüste zum Manna zu kommen, zum Brot des Lebens.

Anschließend folgen die *Fürbitten,* die Jahrhunderte vergessen waren. Nur am Karfreitag wurden sie noch ganz systematisch gebetet.

Aber haben wir uns in der Zwischenzeit nicht an diese Fürbitten gewöhnt? Man betet irgendetwas herunter, die Leute sagen einfach: „Wir bitten dich, erhöre uns!" — ob es paßt oder nicht, ob sie es verstanden haben oder nicht. Auch das müßte wieder verlebendigt werden.

Es geht hier um ein „priesterliches Beten", wie es in der Vorlage der Liturgie heißt. Hier betet das priesterliche Gottesvolk, und es geht hier nicht um meine Privatanliegen. Priesterliches Beten aber ist ein Beten mit Vollmacht, ein Beten im Auftrag Gottes, stellvertretend für andere. Es ist immer bevollmächtigtes und stellvertretendes Beten. Wir müssen uns als priesterliches Gottesvolk dessen auch wieder bewußt werden! Deshalb ist folgender Raster angegeben:

— Fürbitte für die Welt: für Regierungen, für einzelne Geschehnisse oder Vorgänge in der Welt, für bestimmte Völker, für die ganze Welt

— für die Kirche: für einzelne Verantwortliche: Papst, Bischöfe, Familien

— für die hier anwesende Kirche: für die Gemeinde, in der man ist und für die man auch Mitverantwortung trägt

— für die leidende Kirche: für die armen Seelen

Es wäre wichtig, daß wir ganz bewußt aus dieser Vollmacht unseres Priestertums, das uns in der Taufe gegeben und eingesiegelt ist, stellvertretend eintreten für diese Welt und Kirche, um ihr den Weg des Heiles zu ermöglichen. Das sollte uns ganz tief bewußt sein!

Das also wäre die Liturgie, die sich rankt um die Gegenwart Jesu in seinem Leib, seiner Kirche und in seinem Wort.

Wir spüren, daß es sich lohnt, zusammenzukommen, sich zu versammeln, um nur allein dieses Geheimnis zu erleben. Das erleben wir auch im Gebetskreis oder im Bibelkreis, wo wir einfach zusammenkommen und wo Christus in unserer Mitte gegenwärtig ist. Zuvor aber muß der Leib gereinigt werden, und deshalb sollte auch hier immer ein Bußakt vorausgehen. Wir kommen ja oft in solchen Kreisen zusammen und fangen einfach an, ohne daß die Beziehungen gereinigt sind, ohne daß der Leib Christi gereinigt ist, damit Christus auch wirklich unter uns sein kann. Dann müßte ein Lobpreis kommen, die Begrüßung des Herrn. Danach kann man miteinander Schriftbetrachtung halten, Fürbitten beten oder Gott Dank sagen.

Dieses Modell des Wortgottesdienstes müßte auch in diesen kleinen Kreisen selbstverständliches Modell sein. Es müßte bewußt werden, daß wir uns nicht einfach treffen, weil es schön ist und weil wir es brauchen, sondern weil Christus unter uns gegenwärtig werden möchte. Dann müssen aber auch die Voraussetzungen dafür geschaffen werden, daß er auch wirklich gegenwärtig sein kann. Es kann dies auch in einem stillen Bußakt geschehen, wo jeder kurz in sich geht und die Beziehungen zu allen Anwesenden und denen daheim reinigt, damit wirklich auch etwas geschehen kann.

Danach haben wir die Liturgie betrachtet, die uns hinführt und hilft, intensiver auf das Wort Gottes, auf seine Gegenwart im Wort, zu hören.

3. Eucharistische Gegenwartsweise Jesu

Wir wollen nun auf gleiche Weise die Gegenwart Jesu in der Eucharistie betrachten. Sie werden sehen, wie der ganze Kanon und alle Gebete wie eine gebetete Erklärung des unbegreiflichen Geheimnisses der Eucharistie sind. Anhand der Liturgie möchte ich versuchen, einige Hilfen zu geben, an dieses Geheimnis der eucharistischen Gegenwartsweise Jesu zu rühren.

Haben wir nicht auch hier immer wieder das Empfinden, daß die ganze Liturgie aus uns bekannten Gesten, Riten und Worten besteht? Es beginnt mit der Gabenbereitung und hört dann mit dem Segen auf.

Die verschiedenen Strukturen dieser Gebete können uns helfen, das Gesamte aufzulockern.

Wir unterscheiden bei den Gebeten, die diesen Ritus begleiten, die

A   Priestergebete:

Hier betet der Priester, d. h. Christus betet in ihm. Wir feiern Eucharistie, d. h. Danksagung, wobei Christus dem Vater Dank sagt, indem er sich selbst hingibt. Das ist der ganze *Kanon*.

Zu den Priestergebeten gehören auch das *Tagesgebet,* das *Gabengebet* und das *Schlußgebet.*

Das sind Gebete, wodurch Christus im Priester zum Vater betet.

B Begleitgebete:

Sie begleiten einen Ritus und erklären betend, was er eigentlich bedeutet.

C Rüstgebete:

Hier werden wir zugerüstet für die Einheit mit Christus in der Kommunion. Sie beginnen mit dem „Vaterunser".

A Priestergebete

Der Kanon — die Herzmitte der Eucharistie

Es soll jetzt auch wieder versucht werden, hinter diese Worte zu schauen, die Übersetzung zu wagen von den deutschen Worten in das Geheimnis, das sie anrühren und offenbar machen wollen.

Es heißt hier gleich nach der Wandlung: „*Darum* gütiger Vater..." Dieses kleine Wort „darum" kommt in allen vier Kanones vor. Ich weiß nicht, was Sie dabei bis jetzt gedacht haben. Es ist ein relativer Anschluß und schließt an den Auftrag Jesu an: „Tut dies zu meinem Gedächtnis." „Weil du es gesagt hast, gütiger Vater, darum feiern wir das Gedächtnis unserer Erlösung."

Das ist die Gehorsamserklärung der Kirche. Und das kann uns manche Zeit sicher eine Hilfe sein — wenn wir uns schwer tun, kein Gefühl haben und müde sind...

Hier ist es wichtig, daß wir uns folgendes bewußt machen: Ich gehe nicht zur Heiligen Messe, weil ich Spaß daran habe oder weil ich Gott eine Freude machen will, sondern ich gehe hin im Gehorsam. Ich feiere seinen

Gehorsam bis zum Tod aus Gehorsam, weil er mir den Auftrag dazu gegeben hat, nicht, weil ich dessen würdig wäre, sondern im Gehorsam — darum gehe ich hin und feiere. Dieser Ausdruck ist also Gehorsamserklärung der Kirche, aus dem heraus sie überhaupt erst wagen darf, das zu tun.

Dann kommen Worte, die in den verschiedenen Kanons einmal wörtlich genannt oder auch umschrieben sind: Gabe, Opfer und Opfergabe — das zusammengesetzte Wort. Papst Pius XII. hat uns eine Opfertheologie bzw. -theorie geschenkt, die uns dabei eine große Hilfe sein kann. Er sagt: Zu einem geistigen, zu einem religiösen Opfer gehören zwei Dinge: die sogenannte „oblatio" und „immolatio". Das sind zwei lateinische Worte, die beide mit „Opfer" übersetzt werden.

„Oblatio" meint dabei die Opfergesinnung. Bei Jesus war diese Gesinnung sein Gehorsam zum Vater und seine Liebe zu den Menschen. Das war seine Gesinnung, die Motivation. „Immolatio" ist die Leidensfähigkeit des Opfers, das, was es hingebend fühlt, erleidet. Das war bei Christus am Kreuz sein Leiden, sein Sterben.

Beides gehört zu einem Opfer. Wenn Jesus nur gekreuzigt worden wäre, ohne daß er diese Intention, diese Gesinnung des Gehorsams zum Vater und der Liebe zu uns Menschen gehabt hätte, dann wäre das kein Opfer gewesen, sondern ein Mord, ein Justizmord.

Hätte er nur die Gesinnung gehabt und hätte ihm niemand das Leben genommen, so wäre auch das kein Opfer gewesen. Beides gehört also zusammen, beides ist notwendig bei einem religiösen Opfer.

In der hl. Messe feiern wir die Erneuerung des Kreuzesopfers Christi. Das Opfer Christi wird neu gegenwärtig, nicht nur bildhaft, symbolisch, sondern real. Aber Jesus ist ja verklärt mit seinem Leib. Er kann an seinem Leib nicht mehr leiden. Der verklärte Leib ist leidensunfähig in diesem Sinne des Opfers. Folglich könnte so das Opfer Christi auch nicht gegenwärtig gesetzt werden. Es wäre eine reine Erinnerung. Da fehlte etwas Wesentliches, was zum Opfer gehört, nämlich die Leidensfähigkeit. Jesus ist gegenwärtig in der Gestalt von Brot und Wein — getrennt. Leib und Blut Christi sind getrennt, Symbol des Todes.

Er ist auch in der Gesinnung anwesend, jetzt bereit zu sein, sich ganz für mich hinzugeben.

Aber die Leidensfähigkeit fehlt.

Und diese wird in der Eucharistie ersetzt durch die Leidensfähigkeit des mystischen Leibes — durch uns.

Wir spüren hier, daß Eucharistie nicht einfach nur ein Dabeisein ist bei der Erneuerung des Kreuzesopfers Christi und seiner Auferstehung, sondern daß es ein totales Mithineingenommen- und Hingeopfert-Sein ist. Wir ahnen hier auch die Bedeutung des Wortes bei Paulus, wenn er sagt, daß wir an unserem Leibe das ergänzen müssen, was an den Leiden Christi noch mangelt (vgl. Kol 1,24). Am Leiden Christi mangelt aber nichts. Hier jedoch wird deutlich, was in diesem Wort beinhaltet ist: Eucharistie ist nur möglich mit dem geheimnisvollen Leib Christi, mit uns. Wir gehören dazu, und wir müssen das ergänzen.

Wir kommen zu diesem Höhepunkt, wie das II. Vatikanum sagt: „Die Eucharistie ist der Höhepunkt allen Heilsgeschehens."

Es ist hier der Höhepunkt und die Mitte unseres Lebens, denn hier bringen wir unser Leben ein, uns selbst, unser Arbeiten, Leiden, unsere Freude..., alles, was aus Liebe geschehen ist. Alles, was ich gedacht, geredet und getan habe ohne Liebe ist sinnlos und, um mit den Worten der Schrift zu sprechen, vergeht mit der Gestalt dieser Welt für immer. Es hat keinen Sinn und keine Frucht. Aber was aus der Liebe heraus geschieht — und wenn ich, wie die kleine Theresia es sagt, nur eine kleine Stecknadel aus Liebe zum Herrn aufhebe, so ist das weltbewegend. Alles, was aus der Liebe geschieht, Leiden, Freuen, Arbeiten..., all das wird in der Eucharistie zum Leiden, Freuen, Arbeiten...Jesu selbst: Hier fließt es zusammen. Und das ist die Leidensfähigkeit des Opfers in der Eucharistie.

Im Deutschen wird das ausgedrückt mit dem Wort „Gabe". Das ist die Gabe des Menschen, und das sind wir, die wir uns in der Gabenbereitung darbringen. Es geht hier nicht nur um die Gabe von Brot und Wein, sondern vor allem auch um uns! Das steht in den Gebeten ganz klar.

Es geht hier also um uns, um diese Leidensfähigkeit, die Mitvoraussetzung ist, daß Eucharistie geschehen kann.

Mit dem Wort „Opfer" wird die Opfergesinnung, die „oblatio" ausgedrückt, die Opfergesinnung Jesu, der jetzt anwesend ist mit Fleisch und Blut, Gottheit und Menschheit, Leib und Seele und mit seiner Gesinnung am Kreuz: Gehorsam zum Vater, Liebe zu den Menschen, Bereitschaft, sein Leben hinzugeben. Mit dieser vollen Bereitschaft, wie es am Kreuz war, ist er jetzt anwesend, ohne Abstriche.

Das zusammengesetzte Wort „Opfergabe" findet seinen Ausdruck in der Kommunion, wo wir, wie Augustinus sagt, in das verwandelt werden, was wir essen. Es ist ein Zusammenfließen der Opfergesinnung Jesu und unserer Hingabe, unserem Leben, unserem Arbeiten, allem, was aus der Liebe geschehen ist und was wir in der Gabenbereitung eingebracht haben.

In der Kommunion geschieht ein sakramentales Ineinander der einmaligen Opfergesinnung Jesu und unseres Opfers heute. So wird es zum Opfer der Kirche, zur Verherrlichung des Vaters und zum Heil der Menschen heute. Das ist Eucharistie: Höhepunkt allen Heilsgeschehens, Höhepunkt und Mitte unseres Lebens. Hier wird unser Leben zum Leben Jesu Christi. Hier erhält alles, was wir in unserem Leben aus der Liebe getan haben — und mag es noch so gering sein —, den Wert des erlösenden Lebens Jesu Christi für die Welt von heute. Eucharistie weglassen heißt daher eigentlich, sein Leben wertlos sein lassen.

Dann können wir aber verstehen, daß Eucharistie auch der Höhepunkt aller Evangelisation ist, wie es das II. Vatikanum sagt. Denn wo mein Leben den Wert des erlösenden Lebens Christi bekommt, kann es noch irgendwo anders eine größere Quelle der Evangelisation geben?

All das ist ausgedrückt mit diesen ganz schlichten Worten:

Gabe — das sind wir; unser Leben, Arbeiten, Leiden, Freuen, alles, was aus der Liebe geschieht;

Opfer — das ist diese einmalige Opfergesinnung Jesu, mit der er jetzt anwesend ist ganz real;

Opfergabe — das ist das sakramentale Ineinander, das Verschmelzen von beidem zu dem einen Opfer der Kirche heute, zur Erlösung der Welt heute.

Wenn wir das anhand des Kanons selber hören, wird das bewußter und deutlicher.

Es heißt z. B. im 3. Kanon:

„So bringen wir dir mit Lob und Dank dieses heilige und lebendige Opfer dar." — Opfergesinnung Jesu — sein Leib und sein Blut. —

„Schau gütig auf die Gabe deiner Kirche," — das sind wir!

„denn sie stellt dir das Lamm vor Augen," — das leidensfähige Lamm —

„das geopfert wurde und uns nach deinem Willen mit dir versöhnt hat." — Die Kirche stellt dieses Lamm jetzt dar.

„Stärke uns durch den Leib und das Blut deines Sohnes" — das ist jetzt die Kommunionbitte —

„und erfülle uns mit seinem Heiligen Geist, damit wir ein Leib und ein Geist werden in Christus." — ein Versuch, das auszudrücken, was Opfergabe ist — das verschmelzende Ineinander. —

„Erfülle uns mit seinem Heiligen Geist..." — In jeder Eucharistiefeier haben wir eine doppelte Epiklese, d. h. Herabrufung des Heiligen Geistes, durch den alles Heil geschieht, durch den auch Christus in allen Sakramenten sein Heil wirkt und auch die Verwandlung wirkt. Die erste Epiklese ist vor der Wandlung, wenn der Priester die Hände über die Gaben ausbreitet und den Heiligen Geist herabruft, daß er Brot und Wein in Leib und Blut Christi verwandelt.

Die zweite Epiklese ist nach der Wandlung — es ist die Herabrufung des Geistes über die hier versammelte Gemeinde, den hier versammelten Leib Christi, damit sie in der Kommunion, wenn sie den Leib und das Blut Christi empfangen, verwandelt werden in diesen Christus, Wie vorher Brot und Wein durch den Geist in Leib und Blut Christi verwandelt wurden, so werden wir in der Kommunion in Jesus Christus verwandelt: „damit wir ein Leib und ein Geist werden in Christus."

Das sind also ganz bedeutsame Sätze.

Im 4. Kanon ist es etwas anders ausgedrückt — auch in einer sehr großen Tiefe:

„So bringen wir dir seinen Leib und sein Blut dar, das Opfer, das dir wohlgefällig und der ganzen Welt Heil bringt." — Hier wird die „oblatio", die Opfergesinnung angesprochen, mit der er mit Leib und Blut anwesend ist.

„Sieh her auf die Opfergabe," — das sakramentale Inein-ander —

„die du selber deiner Kirche bereitet hast, und gib, daß alle, die Anteil erhalten an dem einen Brot und dem einen Kelch, ein Leib werden im Heiligen Geist, eine lebendige Opfergabe in Christus, zum Lob deiner Herrlichkeit."

Das sind also Versuche, dieses sakramentale Ineinander in Worten auszudrücken:

„Ein Leib und ein Geist werden in Christus," oder hier: „eine lebendige Opfergabe in Christus zum Lob deiner Herrlichkeit."

Im 1. Kanon finden wir ähnliche Worte. Im 2. Kanon sind diese Worte „Gabe", „Opfergabe" stark umschrieben — aber mit dem gleichen Inhalt. Interessant ist beim 1. Kanon, daß hier für diese drei Worte die alttestamentli-chen Vorbilder gebracht werden:

„...Blicke versöhnt und gütig darauf nieder" — auf die Opfergabe, das Opfer der Kirche dieses verschmolzene des Leibes Christi mit Christus —

„und nimm sie an wie einst die Gaben deines gerechten Dieners Abel," — das ist die Gabe des Menschen: seine Arbeit...—

„das Opfer unseres Vaters Abraham," — das ist Isaak — das Vorbild für Jesus —

„wie die heilige Gabe, das reine Opfer deines Hohenprie-sters Melchisedek." — heilige Gabe — reines Opfer: d. h. also die Opfergabe des Melchisedek. Melchisedek ist damals nach der Schlacht Abraham begegnet. Er war ein ganz anderer Priester als die levitischen. Er ist das Vorbild für das neutestamentliche Priestertum, das kein Erbprie-stertum ist, sondern ein einmaliges: „Du bist Priester auf ewig nach der Ordnung Melchisedeks." (vgl. Ps 110,4; Hebr 5,6.10; 6,20; 7,17.21) Und Melchisedek hat Brot und Wein geopfert — die Vorbilder für die Eucharistie.

Hier im ersten Kanon werden also diese drei Worte dargestellt in den Vorbildern des Alten Testaments: Gabe Abels, Opfer Abrahams, Opfergabe des Melchisedek.

In allen vier Kanones kommt dann eine Partizipialkonstruktion, die einmalig ist: „memores offerimus". Wörtlich übersetzt heißt das: „gedenkend opfern wir". Wenn wir etwas feiern, gedenken wir normalerweise eines Anlasses, z. B. beim Feiern eines Geburtstags. Dabei wird aber meine Geburt heute nicht Gegenwart, sondern ich denke einfach daran, daß das heute vor x-Jahren war. Hier gedenken wir des Todes und der Auferstehung Christi, und wir tun das in der Weise, daß es zugleich so gegenwärtig ist, daß es jetzt geschieht. Im Deutschen ist das jeweils mit zwei Sätzen übersetzt.

Im 3. Kanon heißt es:

„Darum gütiger Vater, feiern wir das Gedächtnis deines Sohnes. Wir gedenken seines Todes und seiner Auferstehung." — Wir gedenken des ganzen Lebens — von der Menschwerdung bis zur Wiederkunft. Das ist das Lebensgedächtnis Jesu.

„Wir verkünden sein heilbringendes Leiden, seine glorreiche Auferstehung und Himmelfahrt und erwarten seine Wiederkunft."

„Wir verkünden" — das ist nicht gemeint im Sinn einer Wortverkündung, sondern wir verkünden durch die Gegenwart. Wir verkünden so sein heilbringendes Leiden. Und das ist hier nicht nur ein Wort der Erinnerung: Wir verkünden, daß Jesus Christus jetzt gegenwärtig ist mit der Gesinnung, die er in seinem Leiden hatte. Er ist jetzt hier, in diesem Raum anwesend, gleichsam mit der

Gesinnung, jetzt für mich das ganze Leiden noch einmal auf sich zu nehmen, wenn Gott es so wollte. Er hat es ja getan. Und daß er es getan hat, ist jetzt Gegenwart. Er ist jetzt anwesend mit dieser Bereitschaft am Kreuz, als wäre ich als Johannes unter dem Kreuz. Das ist real!

Darum sagt Augustinus. „Nos ibi eramus" — „Wir waren dort." — „Wir waren dabei!" Das ist real. Christus ist jetzt mit der Gesinnung anwesend, ganz persönlich für mich den ganzen Leidensweg noch einmal zu gehen, bis in den bittersten Tod, bis zur Höllenfahrt. Hier ist ein Gott mit dieser Bereitschaft für mich — und wie feiere ich das mit, mit welcher Bereitschaft? Ich bin vielleicht müde, denke an tausend andere Dinge, bin ganz gleichgültig und wäre vielleicht schon froh, wenn es vorbei wäre.

Ist das nicht erschütternd, wenn man das einander gegenüberstellt?

Die Worte des Kanons wollen uns das alles bewußtmachen. Der Kanon ist so regelrecht ein gebeteter Kommentar:

„Wir verkünden sein heilbringendes Leiden" — und zwar real, denn er ist gegenwärtig. Das ist die Verkündigung.

„...seine glorreiche Auferstehung" — Es ist der Christus des Ostermorgens, der jetzt gegenwärtig ist — mit dem Ostersieg. Und indem ich mit ihm eins werde in der Kommunion, gibt er mir Anteil an diesem Ostersieg, über Sünde, Teufel, Tod und Hölle. — Und wie oft bin ich bei dieser Feier der Eucharistie in einer Hoffnungslosigkeit, in einem Pessimismus und feiere so den Tod und die Auferstehung Christi?

Wir spüren hier, daß die eigentliche Sünde der Unglaube ist, und wie abscheulich vor Gott der Unglaube der Gemeinde sein muß, die der „Eucharistie absteht", die danebensteht und die Tiefe des Geschehens überhaupt nicht wahrnimmt, sondern einfach so dabei ist, als ob es nur eine fromme Andacht wäre. Aber zwischen einer frommen Andacht und einem konkreten Vollzug ist ein großer Unterschied. Denn im Vollzug bin ich mithineingenommen, ich soll Anteil bekommen an dieser Siegeskraft Jesu Christi. Aber wenn ich das nicht glaube, dann kann er auch nichts tun.

„…und seine Himmelfahrt" — Wir verkünden diese Himmelfahrt, diesen Christus, den der Vater zur Rechten gesetzt hat, dem er alle Macht gegeben hat im Himmel und auf Erden. Und mit diesem Christus werde ich jetzt eins.

Hier verstehen wir, wenn Vinzenz Pallotti, sagt: „Wer mit Christus verbunden ist, der braucht sich vor nichts mehr zu fürchten. Denn in ihm ist eine Kraft, die er aus sich selbst nicht haben kann."

Diese Kraft aber erfahren wir erst, wenn sie gefordert wird, nicht vorher. Und wahrscheinlich haben das schon alle von uns erlebt, daß wir plötzlich eine Kraft in uns verspürten, die wir uns nie zugetraut hätten. Aber woher haben wir sie? Die kommt nicht irgendwoher aus der Luft, sondern die Eucharistie ist die Quelle dafür!

Das heißt: „Wir bekennen, wir verkünden seine Himmelfahrt…" — „…und erwarten seine Wiederkunft." Es ist auch der Christus der Wiederkunft. Und in der Stunde des Todes kommt kein anderer Christus mit keiner anderen Gesinnung, als er jetzt anwesend ist und mir jetzt begegnen will — mit seiner unendlichen, erbarmenden Liebe, aber auch in seiner unendlichen Majestät. Deshalb sollten wir ihm immer auch mit der gebührenden Ehrfurcht begegnen.

Ehrfurchtslosigkeit ist aber die große Zeitkrankheit heute. Und nur die Ehrfurcht ist der Schlüssel zu jedem

Geheimnis. Ohne Ehrfurcht werden Sie nie ein Geheimnis aufschließen — weder das Geheimnis der Eucharistie, noch das Geheimnis der Ehe, noch das Geheimnis der Jungfräulichkeit, noch sonst irgendein Geheimnis des Glaubens.

Im 4. Kanon ist noch ein Aspekt, den man einige Zeit ziemlich vergessen hat. „Darum, gütiger Vater, feiern wir das Gedächtnis unserer Erlösung." — Das ist das ganze Lebensgedächtnis Jesu. — „Wir verkünden den Tod deines Sohnes und sein Hinabsteigen zu den Vätern." Im Lateinischen heißt es: „...descendit ad inferos." „Inferos" sind aber nicht die Väter. Genau übersetzt müßte es heißen: „Hinabgestiegen in das Reich des Todes", — und „Reich des Todes" ist biblisch „Hölle".

Jesus hat die ganze Konsequenz meiner Sünden auf sich genommen. Die eigentliche Konsequenz meiner Sünde ist nicht nur der irdische Tod, sondern das ist Tod im biblischen Sinn: ewiger Tod, absolute Gottabwesenheit, das ist Hölle. Diese ganze Konsequenz hat Jesus auf sich genommen, bis zur Höllenfahrt. Er ist hinabgestiegen in die Hölle. Das war der eigentliche Ort seiner Gottverlassenheit. Am Kreuz war Gott immer noch allgegenwärtig. Hölle aber ist die absolute Abwesenheit Gottes, wie es Theologen nennen. Bedenken wir, was es für den Sohn Gottes bedeutet hat, sich in die Macht Satans zu begeben, in die Hölle, in die absolute Gottabwesenheit, wo gleichsam der Vater in seinem Sohn sich selbst total entfremdet ist. Menschlich kann man sich das überhaupt nicht vorstellen, welches Leiden Gottes das war.

Ich konnte es nie verstehen, wenn es hieß: Gott kann nicht leiden. Ja, Jesus kann dem Leibe nach jetzt nicht mehr leiden. Aber es gibt ein göttliches Leiden. Und ein Mensch, der liebt, der leidet um Menschen, die fehllaufen, so gibt es ein göttliches Leiden, das wohl mit dem menschlichen überhaupt nicht zu vergleichen ist: ein Leiden göttlicher Liebe um den Menschen, der verlorengeht.

Ich glaube, daß Gott uns in seine Herrlichkeit führt, daß er selber aber ein ewig leidender Gott bleibt um die, die verlorengegangen sind, weil er sie immer noch liebt, weil Gott gar nicht anders kann als lieben...

Das ist unser Gott! — Und wie theoretisch reden wir oft über diesen Gott! Was war das für ein Leiden des Vaters! Wir denken immer nur an den Sohn. Welches Leiden des Vaters, der sich im Sohn total entäußert hat bis in die Gottabwesenheit der Hölle. das ist unvorstellbar!

Es war auch eine Entfremdung des Vaters selbst — unvorstellbar, ein Leiden, wie nur Gott leiden kann; göttlich — wie nur die Liebe leiden kann, die wesenhafte Liebe.

Das alles bedeutet dieser einfache Satz: „...hinabgestiegen zu den Vätern", bzw. eigentlich: „...hinabgestiegen in das Reich des Todes."

Dieser Christus ist gegenwärtig, jetzt, in der Eucharistie, mit der Bereitschaft, für mich wieder in diese absolute Gottferne zu gehen, in diese Entfremdung vom Vater. Er ist jetzt dazu bereit. Eine so große Liebe zu mir ist in der Eucharistie anwesend, auch in der Eucharistie, die wir anbeten — bereit, jetzt wiederum diese Selbstentfremdung um meines Heiles willen anzunehmen. Diese göttliche Liebe in der Eucharistie können wir nicht ausdenken.

Die drei verschiedenen Gegenwartsweisen Jesu in der Kirche als dem Leib Christi, im Wort Gottes und in der Eucharistie — das sind keine Konkurrenzen, die sich gegenseitig verdrängen oder gegeneinanderstehen. Sondern das sind ganz verschiedene Wirkweisen.

138

In der Gegenwartsweise der Eucharistie strahlt diese unüberbietbare, überschwengliche, unbegreifliche, erbarmende Liebe Gottes auf. Sie ist hier auf eine Weise gegenwärtig, wie man sie nicht beschreiben kann. Gott kann sie gar nicht offenbaren, er kann sie nur leben. Und das tut er in der Eucharistie. Eucharistie — das ist eigentlich die tiefste Erniedrigung, die tiefste Entäußerung Gottes.

Bei der Menschwerdung war er immer noch Mensch. Als er gestorben war, war er immerhin noch ein toter Leib. In der Eucharistie aber ist er nur mehr eine tote Sache — Brot und Wein. Er hat sich hier entäußert in eine tote Sache, er hat Brot und Wein zu seinem Leib und Blut gemacht... Eine weitere Entäußerung Gottes ist nicht mehr denkbar. Wohin soll er sich noch entäußern?

Und das alles ist nur äußerlich Zeichen für das, was innerlich gegenwärtig ist. Das ist mit diesen Worten des Kanons gemeint.

Ich weiß nicht, was Sie bisher bei diesen Worten gedacht haben. Aber werden wir uns wirklich einmal bewußt, was das eigentlich heißt, was wir verkünden, was jetzt Gegenwart ist, was mich ganz persönlich betrifft: dieser ganz personale Bezug der unbegreiflichen Liebe Jesu und des Vaters zu mir. Hier ahnen wir auch, was uns die folgende Stelle im Hebräerbrief in diesem Zusammenhang sagen kann: „Als er auf Erden lebte, hat er mit lautem Schreien und unter Tränen Gebete und Bitten vor den gebracht, der ihn aus dem Tod retten konnte, und er ist erhört und aus seiner Angst befreit worden. Obwohl er der Sohn war, hat er durch Leiden den Gehorsam gelernt..." (Hebr 5,7f)

Tod ist biblisch immer ewiger Tod, nicht nur der irdische. Und der Vater hat sein Gebet und Bitten erhört. Er hat ihn

nicht im Tode gelassen, er hat ihn auferweckt am Ostermorgen.

Für mich steckt hinter diesem Wort des Hebräerbriefes
die Bereitschaft Jesu: „Wenn der Vater es gewollt hätte" —
und das wäre auch zugleich das Leiden des Vaters gewesen, daß er dann für immer als Mensch in diesem Reich
des Todes geblieben wäre, damit wir alle ins Reich des
Lichtes kommen.

Eine solche Liebe ist unausdenkbar. Einen solchen Gott
kann man nicht ausdenken. Einem solchen Gott kann
man nur begegnen.

Das alles ist nun in der Eucharistie Gegenwart: seine
Bereitschaft, für mich ewig in die Ferne zu gehen, in die
Hölle. Es ist unvorstellbar, was für den Sohn Gottes Gott-
ferne heißt.

Er hat gefleht, daß er nicht im Tod bleiben muß. Und er
wurde erhört — um seines Gehorsams willen (vgl. Hebr
5,7f).

Aber für mich steht diese Bereitschaft dahinter. Und mit
dieser Bereitschaft ist er gegenwärtig in der Eucharistie.
Es ist eine große Blindheit, an einem solchen Gott vorbei-
zuirren. Aber vielleicht ist das auch ein Auftrag an uns, die
Liebe Gottes zu verkünden und nicht etwas anderes,
einen strafenden Gott oder sonst etwas. Wir strafen uns
alle selbst, wenn wir sündigen, wir schaden unserer Seele, unserem Leib. Gott kann nur lieben. Er kann allerdings
all die Dummheiten, die wir machen, benutzen, um uns
weiterzuführen. Das kann er, und das tut er auch in seiner
Liebe.

Das alles steht hinter so schlichten Worten!

Wir spüren hier vielleicht auch, was Kardinal Ratzinger
mit der „Übersetzung vom Deutschen ins Geheimnis"
meint. Es ist dieses „memores offerimus" — „Gedenkend

opfern wir"; indem wir uns an Tod und Auferstehung erinnern, es vollziehen, es erfahren, erleben wir dieses Geheimnis, wird es Gegenwart: Wir sind mithineingenommen in dieses Geschehen und sind mitten auf Golgota, mitten im Ostermorgen, mitten in der Wiederkunft...

Herzmitte, Kern des Kanons sind die *Wandlungsworte*. Manche haben sie „Deuteworte" genannt. Es gibt auch die Bezeichnung „Einsetzungsbericht". Wir müssen aber immer daran denken, daß Eucharistie kein Spiel ist, sondern Vollzug. In einem Vollzug aber sind Worte keine Worte, die etwas andeuten, sondern Worte, die etwas bewirken. Das ist ein Unterschied. Es ist auch nicht einfach der „Einsetzungsbericht". Das ist das, was wir in der Lesung hören, wenn wir von Paulus den Einsetzungsbericht lesen (1 Kor 11,23ff). Das ist dann ein Bericht darüber.

Liturgie aber ist Geschehen. Hier vollzieht sich das, was gesagt wird. Darum nennen manche Theologen es „Hingabegebet". Denn Christus gibt sich in diesen Worten dem Vater hin. Indem sein Leib und sein Blut gegenwärtig werden, gibt er sich in diesen Gestalten dem Vater hin — es ist die bedingungslose Bereitschaft, sich total hinzugeben.

Der Priester spricht in der Person Christi, „in persona Christi". Darum gibt es auch die Anweisung, daß der Priester all das, was er sagt, auch tun soll. Wenn es heißt: „Er nahm das Brot in seine Hände...", dann soll er es auch in die Hände nehmen.

Es ist sehr sinnvoll, wirklich auch immer das zu tun, was er sagt, damit die Menschen, die mitfeiern, das auch wirklich miterleben als etwas, was jetzt geschieht, was sich jetzt vollzieht.

„Er nimmt es in die Hände" — und im Priester handelt dabei Christus.

Wenn es dann heißt: „Er erhob die Augen zum Himmel...", dann sollte der Priester das auch wirklich tun.

Weiter heißt es: „Er brach es" — das Brot — „und reichte es seinen Jüngern..." Das Brechen des Brotes aber ist ein sehr tiefer Vorgang, den niemand verstehen würde ohne ein Begleitgebet. Deshalb ist dieser Ritus herausgenommen und kommt vor der Kommunion, beim „Lamm Gottes" mit einem Begleitgebet, das erklärt, was dieses Brechen bedeutet. Aber darauf komme ich noch bei den Begleitgebeten zu sprechen.

Dann spricht der Priester — entweder stehend oder in der Haltung einer Verneigung (soll Hingabe ausdrücken — mit Wort und Körperhaltung): „Das ist mein Leib, der für euch hingegeben wird."

Da Jesus in der Person des Priesters spricht, soll in dieser Person auch zum Ausdruck kommen, was sich jetzt ereignet: *Das ist mein Leib und mein Blut, das für euch hingegeben wird.*

Eine kurze Nebenbemerkung: Es gibt immer wieder Menschen, denen Sie begegnen können, die durch irgendwelche Lehren verwirrt worden sind und meinen, die Eucharistie sei nicht gültig, weil es plötzlich heißt: „mein Blut, das für euch und für alle vergossen wird..." statt: „...für *viele.*" Manche sind da so geführt worden, daß das ungültig sei, und sie befinden sich in einer totalen, inneren Verwirrung. Ich sage das deshalb, damit Sie solchen Menschen vielleicht auch helfen können. Beide Worte haben einen bestimmten Sinn. Wenn es heißt: „Das Blut, das für euch und für viele vergossen wird" — gemeint ist eigentlich: für die vielen — „zur Vergebung der Sünden...", so sind damit all diejenigen gemeint, die es annehmen, alle, die die Erlösung annehmen. Für sie alle ist es vergossen.

Wenn es heißt: „Das Blut, das für euch und für *alle* vergossen wird...", so sind damit auch die gemeint, die es nicht annehmen.

Beides aber ist theologisch richtig. Denn sein Blut ist auch für diejenigen vergossen worden, die es nicht angenommen haben, die die Erlösung abgelehnt haben. Paul VI. hat sich in dem Sprachraum, in dem man es so ausdrücken kann, für „alle" entschieden. Und so ist es sehr tief, sehr sinnvoll. Denn wir hören bei dieser Ausdrucksweise, daß er sein Blut vergossen hat, ohne zu berechnen, einfach für jeden — auch für die, von denen er wußte, daß sie es nie annehmen werden und daß es für sie umsonst war. Es ist dies eine ganz tiefe Aussage.

Wenn Menschen dabei Zweifel haben, kann man sie auf das Missale Romanum von Pius V. verweisen, das vorhergehende Meßbuch, und die Texte vom Gründonnerstag aufschlagen. Hier finden wir beim Wandlungsgebet genau diese Formulierung:

„Er nahm das Brot in seine Hände — das ist heute... Er hat sein Blut vergossen für alle — das ist heute."

Dort ist dieser Ausdruck gebraucht. Und daran hat niemand gezweifelt. Vielleicht kann das eine kleine Hilfe für solche Menschen sein, wenn sie nicht schon ganz verwirrt sind in ihrem Inneren.

Anschließend kommen in Fürbittform Gebete für die leidende, streitende und triumphierende Kirche. Meistens wird die triumphierende Kirche zuerst genannt — das ist der Himmel: Maria, die Heiligen usw., dann die leidende Kirche: Fegefeuer, Gebet für die Verstorbenen,

dann die streitende Kirche — das ist die Kirche auf Erden: Papst, Bischöfe, Priester, alle Gläubigen, alle Getauften. Dies will etwas Wunderbares ausdrücken. Es ist zwar alles wie eine Fürbitte oder wie ein Lobpreis ausgedrückt, letztlich aber ist es wieder nur ein Kommentar, der uns erklärt: Wenn wir mit Christus, dem Haupte, eins sind, dann haben wir communio mit dem ganzen Leib Christi: mit der streitenden Kirche auf Erden, mit der leidenden Kirche im Fegefeuer, mit der triumphierenden Kirche im Himmel. Wir sind jetzt mit allen verbunden, und es beginnt eine neue Kommunion — communicatio. Wenn wir mit allen verbunden sind, strömt ja all das, was Christus im einzelnen Glied — in all denen im Himmel, im Fegefeuer und hier auf Erden — schon gewirkt hat, auf alle über, die jetzt mit Christus, dem Haupt, eins geworden sind in der Communio. Das ist eine ganz tiefe Aussage, und es ist gleichsam eine doppelte Communio.

Das ist wichtig auch zum Beispiel, wenn Menschen nicht zur Kommunion gehen, sich einfach nicht würdig fühlen, aber ehrlich ihre Sünden bereuen, daß sie dann auf diese Weise in die Communio hineingenommen werden. Deshalb wird es ja erklärt: die „communicatio sanctorum". Daß sie also nun auch in einer bestimmten Weise teilhaben an dem Strom der Gnade, der jetzt im ganzen Leib der Kirche fließt.

Ich sage das oft auch auf Seminaren, bei denen auch nicht-katholische Christen dabei sind, die nicht zur Kommunion gehen können, daß jetzt hier, da wir alle ein Leib mit Christus sind, alle, die an Christus glauben und ihre Schuld bereut haben, an diesem Lebensstrom teilnehmen, der jetzt durchfließt. Das ist ebenfalls eine Communio — eine ganz tiefe Communio: daß wir jetzt, die wir einsgeworden sind mit Christus, zugleich auch eins sind mit der ganzen Kirche, mit dem ganzen Leib Christi: mit der triumphierenden, mit der leidenden und mit der streitenden Kirche.

Nehmen wir dieses unaussprechliche Geheimnis wirklich ernst! Da können Heilung und Befreiung geschehen, neue Kraft geschenkt werden, da kann alles geschehen, wenn wir das auch bewußt annehmen und nicht nur so theoretisch einmal gehört oder gelernt haben.

Das meint Papst Johannes Paul II., wenn er immer wieder sagt: Wir brauchen praktische Theologie, und die Universitäten sollen sich darum bemühen! Das ist spirituelle Theologie. Wir müssen wegkommen von dieser verkopften Theologie, die niemanden rettet, und sie verbinden mit der „praktischen Theologie".

Theologie aber ist etwas so Tiefes und Lebendiges, etwas so Großartiges. Aber all das, was man jetzt doziert und lehrt, muß auch weitergeführt und übersetzt werden. Ratzinger und Lehmann sagen beide: Wenn wir in der Exegese stehenbleiben, bei dieser reinen geschichts-kritischen Analyse, dann ist das Wort Gottes am Ende, wenn wir es nicht durchziehen in das Spirituelle hinein. Das ist der Sinn des Wortes Gottes. Und in ihren letzten Büchern merkt man, wie konsequent sie das durchgezogen haben. Aber scheinbar hören viele das nicht...

Diese Communio wird also durch diese schlichten Bitt- und Lobgebete ausdrückt. Das muß man wissen. Es geht dabei immer wieder um diese Übersetzung vom Deutschen ins Geheimnis.

Die *Präfationen* sind vielfältig in ihrem Inhalt — je nach Tagesgeheimnis oder Jahreszeit. Sie sind eine Ergänzung des Kanons. In der Eucharistie wird ja alles, was an Heil geschehen ist, Gegenwart und angeboten — auch, was an Heil in allen Heiligen geschehen ist. Auch die Quelle dieses Heils ist Christus in der Eucharistie, in der Hingabe. Wir müßten eigentlich in jeder Eucharistiefeier alles Heil, was jemals geschehen ist, aufzählen, um uns klar zu werden darüber, was jetzt alles angeboten ist. Das würde aber kein Ende finden. So setzen die verschiedenen Präfationen bestimmte Heilsakzente, die uns bewußtgemacht werden sollen: Was an Ostern geschehen ist, beim Leiden Christi, oder bei einem bestimmten Heiligen, dieses Heil ist auch mir jetzt in der Kraft der Hingabe Jesu angeboten.

Das Gesagte war ein kurzer Durchblick durch den Kanon, der Kernmitte der Eucharistie. Es ist deshalb auch wichtig, daß der Kanon laut gebetet wird, damit man ihn mitvollziehen kann. Hier ist nicht der Platz für Privatgebete, wobei der einzelne nicht mit dem konkreten Vollzug mitgeht. Für privates Beten haben wir die eucharistische Anbetung. Aber die Eucharistiefeier ist ein Geschehen, in das wir mithineingenommen werden, bei dem wir gebraucht werden. Wenn ich mich darauf aber nicht ganz bewußt einlasse, kann nicht viel geschehen — auch wenn ich einfach ganz fromm dabei bin. Vielleicht liegt es daran, daß, obwohl doch viele Eucharistie feiern und zur Kommunion gehen, trotzdem so wenig an Heilsaufbruch geschieht.

In der Eucharistiefeier gibt es noch verschiedene *Gebetsaufforderungen,* die vom Priester ausgehen:
— vor der Präfation: „Erhebet die Herzen!"

— „Lasset uns beten zu Gott, dem allmächtigen Vater, daß er die Gaben der Kirche annehme zu seinem Lob und zum Heil der ganzen Welt."

All das sind Gebetsaufforderungen an die Gemeinde, die der Priester nur betet, wenn Gemeinde dabei ist. Es ist dies eigentlich immer wieder ein Bewußt- und Lebendigmachen: „Denkt daran, was jetzt geschieht, worum es jetzt geht."

Manchmal scheint es dabei notwendig, es mit eigenen Worten zu sagen, weil wir uns an das andere bereits gewohnt haben und es einfach, ohne mitzudenken, hören.

Z. B. der Zuruf des Priesters vor der Präfation: „Erhebet die Herzen!" — Mehrere Male wird die Gemeinde aufgefordert, sich zu bereiten, sie wird daran erinnert, sich Gott ganz hinzugeben: zuerst in der Gabenbereitung; dann in der Aufforderung: „Betet, Brüder und Schwestern, daß mein und euer Opfer..." „Mein Opfer", das ist das Opfer Christi, denn der Priester spricht in der Person Christi. „...und euer Opfer", das nachher verschmilzt mit dem Opfer Christi.

Dann kommt das Gabengebet, in dem noch einmal diese geistige Hineingabe unseres Lebens in die Hingabe Jesu erbeten wird.

Ein viertes Mal wird die Gemeinde daraufhin angesprochen in diesem Zuruf: „Erhebt die Herzen!" — Das bedeutet so viel, wie: Habt ihr eure Herzen jetzt wirklich gegeben? Oder habt ihr bis jetzt geschlafen? Habt ihr es vielleicht verpaßt?

Viermal kommt diese Frage: Hast du dich hingegeben? Hast du dein Leben hingelegt auf den Altar, damit das Opfer der Kirche geschehen kann?

Erst, wenn die Gemeinde auf diesen neuerlichen Zuruf geantwortet hat: „Wir haben sie beim Herrn!", dann kann der Priester weitermachen. Dann sagt er: „Gut, dann laßt uns Eucharistie feiern, dann laßt uns Dank sagen dem Herrn, unserem Gott. Ja, es ist würdig und recht..."; und dann kann die Eucharistiefeier beginnen.

Aber das muß bewußt geschehen! Vielleicht verstehen wir jetzt besser, warum die eigene Hingabe so betont wird. Denn sie ist eine Voraussetzung, daß das ganze Geschehen im Vollzug auch wirklich fruchtbar werden kann.

B Begleitgebete

Es sind Gebete, die einen Ritus begleiten, damit man ihn versteht. Z. B. die Gabenbereitung: Man hat überlegt, ob man die Gabenbereitung nicht ganz still vollziehen soll, daß der Priester die Gaben still bereitet und auch die Gemeinde sich still bereitet. Es war aber bald klar, daß dann die Gabenbereitung ausfällt, weil ja alles schon in der Sakristei gemacht wird... Da fällt aber etwas Wesentliches aus. Man hat deshalb zwei Gebete gewählt, die aus der Paschafeier der Juden genommen sind und bei der Christus die Eucharistie eingesetzt hat:

— „Gepriesen bist du, Herr unser Gott, Schöpfer der Welt. Du schenkst uns das Brot, die Frucht der Erde und der menschlichen Arbeit." — (Das wurde von Paul VI. eingefügt, weil das alles dazugehört zu unserer Hingabe.)„Wir bringen dies Brot vor dein Angesicht, damit es uns das Brot des Lebens werde."

Es sind hier die Texte aus der Paschaliturgie, die Jesus beim Letzten Abendmahl als Hausvater gebetet hat. Es ist etwas Wunderbares, daß wir hier diese Nahtstelle haben vom Vorbild zur Verwirklichung. Wichtig ist hier, daß es heißt: Brot (und Wein) — als Frucht der Erde und der menschlichen Arbeit. Beides wird jetzt Gott gegeben, nicht nur das Brot, sondern auch unsere Arbeit, unser Leben, Leiden, alles, was eben mit dem Wort Arbeit zusammenhängt: unser Leben, unsere Gabe.

Ein zweites Begleitgebet kommt bei der Vermischung des Wassers mit dem Wein: „Wie das Wasser sich mit dem Wein verbindet zum heiligen Zeichen, so lasse uns dieser Kelch teilhaben an der Gottheit Christi, der unsere Menschennatur angenommen hat."

Diese Vermischung von einem Tropfen Wasser (höchstens 1/3 Wasser) mit Wein hat eigentlich keinen Sinn. Aber es ist eine ganz tiefe Symbolik, es ist wie eine Bildbetrachtung. Es geschieht hier genau das, was vorher bei der Opfergabe als sakramentales Ineinander angesprochen wurde. Das ist hier vorgebildet in einem meditativen Bild:

„Wie das Wasser sich mit diesem Wein verbindet zu heiligen Zeichen" — das ist das Blut Christi. Und wenn es Blut Christi ist, kann man nicht mehr sagen: Dieser Teil war vorher Wasser und jener Wein. Es ist dann kein Wasser und kein Wein mehr, sondern Blut Christi.

„Genau so lasse uns dieser Kelch teilhaben an der Gottheit Christi, der unsere Menschennatur angenommen hat."

So wie Wasser und Wein zum Blut Christi werden und man sie nicht mehr voneinander unterscheiden und trennen kann, so werden wir in der Kommunion verschmelzen mit der Gottheit Christi. Man kann dann nicht mehr auseinandernehmen, was vom Menschen war und was von Christus ist: Es ist das Opfer der Kirche, es ist miteinander verschmolzen.

Es ist hier gleichsam ein Voraus-Schauen auf das, was jetzt geschieht in der Communio, damit wir uns wirklich auch richtig hingeben, damit es geschehen kann.

Zu diesen Begleitgebeten gehört auch folgendes Hingabegebet:

„Herr, wir kommen zu dir mit reumütigem Herzen und mit demütigem Sinn. Nimm uns an und gib, daß unser Opfer dir gefalle."

Diese Stelle ist aus dem Buch Daniel. Es ist das Gebet, das einer der drei Jünglinge im Feuerofen gebetet hat (vgl. Gebet des Asarja — Dan 3,24ff). Die Jünglinge beten das in der Situation des Feuerofens. Sie lehnen sich nicht auf, sondern beten Hingabe: „Nimm uns an und gib, daß dieses Opfer dir gefalle..."

Schöner und tiefer kann das nicht mehr ausgedrückt werden, wenn wir uns dessen bewußt sind, daß das ein Gebet im Feuerofen ist. Und hat nicht jeder von uns auch einen Feuerofen hinter sich, wenn wir das beten, einmal heißer, einmal weniger heiß? Hingabe ist nun, nicht zu rebellieren und sich aufzulehnen, sondern dieses Gebet im Feuerofen zu beten. Das ist Hingabe, Gabenbereitung.

Ein weiteres Begleitgebet kommt beim Akt der Händewaschung: „Herr, wasche ab meine Schuld, von meinen Sünden mach mich rein." Es ist hier wiederum eine Art Bußakt: Indem die Hände des Priesters gereinigt, gewaschen werden, wird ausgedrückt: Ich bin unwürdig — es ist alles Geschenk. Es ist die Reinigung der Hände, mit denen der Priester nachher handeln wird.

Vor der Kommunion werden zwei Riten mit Begleitgebeten erklärt:
das Brechen des Brotes.
Die Anweisung heißt: Während der Leib Christi gebrochen wird, soll die Gemeinde das „Lamm Gottes" beten — als Begleitgebet. Und dieses Gebet erklärt, was dieses Gebrochenwerden bedeutet. Es ist der Hinweis auf den Tod Jesu, Sein Gebrochenwerden am Kreuz: „Lamm Gottes, du nimmst hinweg die Sünde der Welt, erbarme dich unser."

Anschließend gibt der Priester einen Teil der Hostie in den Kelch und spricht dabei das Begleitgebet: „Das Sakrament des Leibes und Blutes schenke uns ewiges Leben." Ewiges Leben kommt aber aus der Auferstehung.
Vor diesem Ritus ist Leib und Blut Christi getrennt — Zeichen des Todes. (Es ist dies ein schwieriges Symbol, weil auch der geschichtliche Werdegang etwas anders war). Hier wird es jetzt wieder zusammengegeben, vermischt — Zeichen des Lebens, der Auferstehung. Das Begleitgebet will das andeuten. Es ist also noch einmal vor der Kommunion der Hinweis: Wir feiern Tod (Gebrochenwerden) und Auferstehung (Vermischtwerden von Leib und Blut, Zusammenströmen).

Bei all diesen Begleitgebeten sind für den Priester die Hinweise gegeben, sie leise zu beten. Gemeint ist, daß er sie meditativ betet, aber so, daß die Gemeinde sie auch mitvollziehen kann.

C   Rüstgebete

Die Gemeinde wird hier zugerüstet für den Empfang der heiligen Kommunion, für die Einheit mit Christus.

Sie beginnen mit dem „*Vater unser*", das ein Gebet der Einheit ist. Denn Einheit miteinander ist Voraussetzung für die Einheit mit Christus. Es geht hier nur noch um „uns" und „wir" und nicht mehr um „ich" und „du". Wir sind vollkommen eins und sprechen nur noch in Wir-Form zum Vater.

Anschließend kommt eine Art *Friedenslitanei*. Es heißt hier: „Erlöse uns, Herr, von allem Bösen, und gib Frieden in unseren Tagen." Der Satz ist von Papst Gregor während der Völkerwanderung eingefügt worden. Er steht auch im ersten Kanon vor der Wandlung. Es ist also der Völkerfrieden gemeint, den wir heute genauso, wenn nicht noch notwendiger haben.

„Komm uns zu Hilfe mit deinem Erbarmen und bewahre uns vor Verwirrung und Sünde." Verwirrung und Sünde aber ist der Unfriede im eigenen Herzen. Wir sollen bereit sein, „...damit wir das Kommen des Herrn erwarten können."

Dann antwortet die Gemeinde: „Denn dein ist das Reich und die Kraft..." Das ist ein Text, der in einer Fußnote in der Schrift steht und den die nicht-katholischen Christen schon immer zum „Vaterunser" gebetet haben. Die Liturgietheologen sagen deshalb, daß gerade auch dieses Gebet ein Hinweis auf den ökumenischen Frieden ist. Man darf das ruhig so verstehen.

Dann kommt die Bitte für den Frieden in der Kirche: „Schenke deiner Kirche Einheit und Frieden."

Anschließend kommt der Friedensgruß an die hier jetzt anwesende Kirche, dann der Friedensgruß zwischen jedem einzelnen Glied, das anwesend ist. Es ist eine regelrechte Friedenslitanei:

Bitte um den Völkerfrieden,
um Frieden im eigenen Herzen (als Voraussetzung für allen anderen Frieden),
um Frieden zwischen allen Christen,
um Frieden in der eigenen Kirche,
um Frieden in der hier anwesenden Kirche,
um Frieden zwischen jedem Glied dieser hier anwesenden Kirche.

Wenn diese Friedenslitanei durchgegangen ist bis zum letzten Teil — Frieden zwischen allen, dann sind wir eins. Und das ist die Grundvoraussetzung, um mit Christus eins zu werden.

Es folgen dann zwei Vorbereitungsgebete, die der Priester wieder leise spricht — aber wiederum so, daß es alle innerlich mitvollziehen können:

„Herr Jesus Christus, Sohn des lebendigen Gottes, dem Willen des Vaters gehorsam, hast du im Heiligen Geist durch deinen Tod der Welt das Leben geschenkt. Erlöse mich durch deinen Leib und dein Blut von allen Sünden und allem Bösen. Hilf mir, daß ich deine Gebote treu erfülle und laß nicht zu, daß ich jemals von dir getrennt werde."

Oder:

„Herr Jesus Christus, der Empfang deines Leibes und Blutes bringe mir nicht Gericht und Verdammnis,..." — vgl. 1 Kor 11,26-29: Wer unwürdig von dem Brot ißt und aus dem Kelch trinkt, ...der ißt und trinkt sich das Gericht. Paulus führt in diesem Zusammenhang fort: Deshalb, weil ihr das nicht mehr von normaler Speise unterscheidet, sind bei euch schon so viele krank, schwach und einige sogar schon entschlafen. (vgl. V.11,30)

„...sondern Segen und Heil." Im Lateinischen heißt es wörtlich: „Segen und Heilung an Leib und Seele." Es geht hier wirklich um beides: um Heilung an Leib und Seele, denn Eucharistie ist *das* Heilssakrament.

Dasselbe kommt dann noch einmal: „Seht das Lamm Gottes, das hinwegnimmt die Sünde der Welt." — „Herr, ich bin nicht würdig... Aber sprich nur ein Wort, so wird meine Seele gesund."

Es geht also auch hier wieder um das Heil, das mir jetzt angeboten und geschenkt wird. Nehmen wir das aber auch wirklich ernst! Nehmen wir es auch an!

Zum Schluß kommt ein viertes Mal der Zuruf:

„Der Herr sei mit euch." — „Gehet hin in Frieden." Das heißt nicht: „Verschwindet jetzt alle sofort," wie es nicht selten geschieht, daß alle sofort danach die Kirche verlassen. Eine Zeit für die Danksagung sollten wir uns alle noch nehmen.

Die Bedeutung dieses Zurufes ist folgende: Der Herr ist jetzt mit euch, wenn ihr hingeht und Frieden haltet mit denen, zu denen ihr kommt. Es geht um das Apostolat vom Altar aus. Wir sind in der Communio zu Christus geworden.

Denn es gibt eine doppelte Wandlung und eine doppelte Kommunio.

Doppelte Wandlung: Brot und Wein werden in Leib und Blut Christi verwandelt; unsere Umwandlung in Christus, die beim Empfang der Kommunion geschieht. Die erste Communio ist also unsere.

Die zweite geschieht dann draußen. Es ist die, zu der wir jetzt gesandt werden: Geht und haltet Frieden mit den Menschen, zu denen ihr jetzt kommt! Laßt euch von ihnen brechen. — Ihr habt Christus gegessen und seid so zum mystischen Leib Christi geworden. Jetzt werden andere euch brechen, wo immer ihr seid: im Betrieb oder daheim in der Familie. Wenn diese Menschen jetzt euch essen, dann werden sie ebenfalls in Christus verwandelt. Das ist Apostolat vom Altar aus.

In Christus verwandelt werden heißt also, zur Eucharistie werden. Eucharistie ist kein Tun, sondern ein Sein, ein Werden-zu-etwas. Und so, wie wir Christus gebrochen haben, so sollen die Menschen uns brechen dürfen: indem sie unsere Zeit, unsere Arbeitskraft, unser Kön-nen… in Anspruch nehmen — in der Familie, dort, wo wir sind, in unserem Beruf.

Indem ich jetzt hingehe und mit diesen Menschen Frie-den halte, wird die Voraussetzung geschaffen, daß der Herr unter uns sein kann. Dort, wo wir uns von den Men-schen brechen lassen, empfangen sie ihn, so, wie wir ihn empfangen haben. Sie werden so in Christus verwandelt und nehmen teil an der Liebe.

Wir erleben hier folgendes: Kirche ist ein kleines Häuf-chen und wird immer eine kleine Herde sein. Sie ist Sau-erteig in dieser Welt. Sie hat aber die Aufgabe, die Welt für die Liebe Gottes zu öffnen, daß auch die Heiden und alle, die Christus noch nicht kennen, beginnen — aber über uns! —, einander zu lieben. Denken wir ans Weltgericht — und das ist auf diese Menschen hin gesprochen: Alle, die Gutes getan haben, die geliebt haben, werden gerettet werden.

Und das alles soll durch diesen Sauerteig geschehen.

Wenn wir also Frieden halten — mit allen, ob es Heiden sind oder auch andere Menschen, mit denen wir zusam-menkommen, und wenn sie uns brechen dürfen, weil wir zur Eucharistie geworden sind, wenn sie uns „essen" dürfen, d. h. unsere Zeit, unsere Kraft...in Anspruch nehmen — dann werden sie verwandelt, dann wächst in ihnen die Liebe, werden sie fähig zur Liebe, zu Taten der Liebe — und das wird ihre Rettung sein. Dieses Apostolat vom Altar ist ganz wichtig und entscheidend, gerade auch in einer Zeit, in der wir auch unter uns mit einem echten Heidentum zu rechnen haben, mit Nicht-Getauften, mit Nicht-Glaubenden, daß sie alle in die Liebe finden, in das Wesen Gottes, und so das Heil finden, durch den Sauerteig Kirche, der sich brechen läßt, wo immer er ist — verstreut unter alle.

Das ist die Sendung: „Der Herr sei mit euch!" — „Gehet hin in Frieden!" Der Herr sei jetzt mit euch und wird mit euch sein, wenn ihr Frieden haltet. Und laßt euch brechen — ihr seid zur Eucharistie geworden.

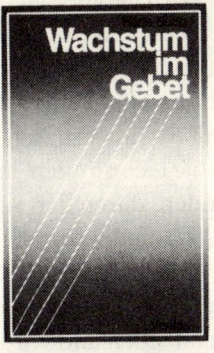

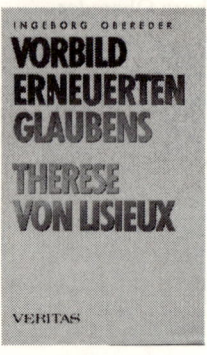

Ingeborg Obereder
Medjugorje
Einladung zum Frieden

164 Seiten, 19 SW-Abb., kt.,
ISBN 3-85329-577-0

Viele Menschen haben durch die Erscheinung
der Muttergottes in dem kleinen kroatischen
Ort Medjugorje erneut zum Glauben gefunden.

Jeden Tag ruft sie durch ihre Anwesenheit die
unverzichtbaren Mittel zum Frieden in Erinnerung: Umkehr, Glaube, Gebet und Fasten.

VER⟨I⟩TAS

Henri Boulad
**Im Licht der
Hinwendung**

198 Seiten, kt.,
ISBN 3-85329-640-8

Pater Boulads spirituelle Vorträge kreisen um
zentrale Existenzfragen wie Schöpfung, Tod,
das Böse, das Gebet.

Der engagierte, fortschrittliche Theologe gibt
nicht nur Antworten für Geistliche, sondern für
alle suchenden Menschen.

VER◇TAS